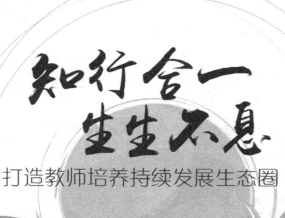

知行合一 生生不息

打造教师培养持续发展生态圈

陈 磊／编著

东北师范大学出版社

长 春

图书在版编目（CIP）数据

　知行合一　生生不息：打造教师培养持续发展生态
圈 / 陈磊编著. — 长春：东北师范大学出版社，
2020.12
　ISBN 978-7-5681-7326-1

　Ⅰ. ①知… Ⅱ. ①陈… Ⅲ. ①小学教师—师资培养—
研究 Ⅳ. ①G625.1

中国版本图书馆CIP数据核字（2020）第260946号

□责任编辑：吕秋丹　　　　　□封面设计：言之凿
□责任校对：刘彦妮　张小娅　□责任印制：许　冰

东北师范大学出版社出版发行
长春净月经济开发区金宝街 118 号（邮政编码：130117）
电话：0431-84568115
网址：http://www.nenup.com
北京言之凿文化发展有限公司设计部制版
北京政采印刷服务有限公司印装
北京市中关村科技园区通州园金桥科技产业基地环科中路 17 号（邮编：101102）
2022年6月第1版　2022年6月第1次印刷
幅面尺寸：170mm×240mm　印张：15.5　字数：254千

定价：45.00元

广东省陈磊名师工作室团队建设概况

广东省陈磊名师工作室经广东省教育厅批准授牌，成立于2018年4月，是集教学、科研、培训等职能于一体的教师学习、研究、实践、发展共同体。在省、市、区各级教育主管部门及华南师范大学省级教师培训中心、韩山师范学院省级教师培训中心的关心和支持下，工作室一步一个脚印，打造成长于粤东的"粤派"名师队伍。目前工作室成果斐然，学员老师中已涌现出新一批名师苗子。李佩珊老师、陈升苗老师成为区级教师工作室主持人；卢省吾老师、林祥鹏老师、林艳星老师、林丽玉老师成为市、区级学科知名老师，并在2020年"抗击疫情，停课不停学，停课不停教"活动中承担了市、区级网络授课任务。同时，由李佩珊老师培养的青年教师张真臻获得了2019年省基本技能比赛小学英语组二等奖，由林祥鹏老师带出的青年教师袁晓珊获得了2019年度汕头市教师技能比赛一等奖。陈磊名师工作室还依托广东省名师工作平台、粤教研平台与全省教师分享工作室的工作成果。

一、Logo 诠释

广东省小学英语陈磊名师工作室
GO ALONE , FASTER. GO TOGETHER, FURTHER.

1. 花瓣寓意：在教育生涯中，教师们如花般绽放风采，展现教师优雅、文明的气质。

2. 标语：Go alone, faster. Go together, further. 这代表了工作室的团队精神：独行速，众行远 。

3. 以蓝色为基本色调，这代表着希望和和谐，体现了工作室知行合一，生生不息，打造教师成长生态圈的工作理念。

二、工作室理念、思路、目标

理念：知行合一，生生不息

思路：Go alone, faster. Go together, further.

目标：构建学习共同体，打造教师成长生态圈

三、订阅号

广东省小学英语陈磊名师工作室

四、网络平台链接

粤教研平台：https://lexiangla.com/teams/k100011?company_from=9d703df2cd3611e99b7c5254002f1020

也可下载企业微信，使用企业微信扫描以下二维码登录"腾讯乐享"，再进入广东省小学英语陈磊名师工作室，即可浏览工作室资源。

五、团队展示

主持人陈磊

庄可华（工作室助手）

汕头市新乡小学教师，二级教师，获
"汕头市金平区优秀青年教师"称号。

许嘉玲（工作室助手）

汕头市新乡小学教师，二级教师，在
广东省小学英语单元教学设计与录像
课例交流评比活动中获三等奖。

方玉华

汕头市龙湖区教师发展中心教研员，小学英语一级教师，获"汕头市教学改革先进教师"称号。

李佩珊

汕头市东厦小学教师，一级教师，获"市优秀教师"称号。

陈升苗

汕头市青蓝小学教师，一级教师，获"市教学改革先进教师"称号。

卢省吾

汕头市丹霞小学教师，小学英语一级教师，获"市优秀青年教师"称号。

林祥鹏

汕头市绿茵小学教师，小学英语一级教师，获"市优秀青年教师"称号。

林丽玉

汕头市蓝天小学教师，一级教师，获"市教学改革先进教师"称号。

辛燕舒

汕头市私立广厦学校小学教师，二级教师，获"区优秀青年教师"称号。

林艳星

汕头市陇头小学教师，二级教师，获"区教学教研先进教师"称号。

王馥

汕头市金砂小学教师，一级教师，获"区教学教研先进教师"称号。

元梓娟

汕头市金珠小学教师，小学英语一级教师，获"区教学改革先进教师"称号及"区优秀教师"称号。

方立鹏

工作室信息技术专家，曾荣获"广东省优秀科技辅导员"称号及"金平区优秀教师"称号。

目 录

第一章　工作室运行理念及取得的成绩 ·············· 1

明暗两线，知行合一，生生不息，打造教师成长生态圈 ·············· 2

第二章　工作室学员教育感悟 ·············· 7

不忘初心，遇见一个有更多可能的自己 ·············· 8

脚踏实地，走出一路风采 ·············· 15

"万人丛中一握手，使我衣袖三年香" ·············· 19

热爱　成长　自信 ·············· 23

专业引领促成长 ·············· 27

大生态教育背景下教师的专业发展 ·············· 31

带着希望相聚，带着收获分别 ·············· 38

心之所向，信望为伴 ·············· 44

学习　领悟　进步 ·············· 48

且行且思，奔心之所向 ·············· 51

第三章　工作室教学论文 ·············· 55

善听　善捕　善推，构建生态学习环境育桃李 ·············· 56

构建"线上教学"新形态，促生"生态课堂" ·············· 62

基于思维品质发展的小学英语阅读教学策略 ·············· 76

活化语音教学模式，打造小学英语生命课堂 ·············· 83

让综合素养在生态课堂中"开花结果" ·············· 91

巧用微课资源，助构小学英语生态课堂 ················· 96

构建良好英语教学生态，发展学生学习能力 ············· 100

激发学习内驱力，构建英语生态课堂 ··············· 107

运用网络技术改善课堂生态的实践探索 ············· 112

着眼身边教材，思课堂之生态 ················· 116

浅谈如何用生态课堂优化小学英语教学 ············· 120

以生为本，构建生态课堂 ··················· 126

思维能力培养中的小学英语阅读教学实践 ··········· 130

基于小学信息技术核心素养下的小学智能机器人课堂教学生态化

　　管理的初探 ······················· 136

第四章　工作室文本教学设计 ················· 143

Unit 4 When is the art show? Read and write 教学设计 ········· 144

Unit 3 At the zoo Part A Let's talk 教学设计 ············ 148

Unit 4 What can you do? Part A Let's learn 教学设计 ········ 155

Unit 4 We love animals Part A Let's learn 教学设计 ········· 163

Unit 4 I have a pen pal Part A Let's talk 教学设计 ········· 167

Unit 4 My home Part A Let's spell 教学设计 ············ 174

Unit 3 Where did you go? Part C Story time 教学设计 ······· 180

Unit 4 I have a pen pal Part A Let's talk 教学设计 ········· 187

Unit 2 My Family Part A Let's spell 教学设计 ··········· 196

Chapter 6 A public holiday Part C 教学设计 ··········· 204

Unit 3 Look at me 复习课教学设计 ··············· 211

附　录　工作室走过的痕迹 ·················· 220

知晓　能做　分辨　习惯 ··················· 220

工作室赴广州参加2018广东省义务教育英语适切教研研讨活动 ······ 222

道固远，笃行可至；事虽巨，坚为必成 ················· 224

送教下乡，共谋进步 ·································· 226

在情感维度中推动小学生英语核心素养的培养 ··········· 228

在课堂一线中剖析，在对撞思考中成长 ················· 230

第 一 章

工作室运行理念及取得的成绩

明暗两线，知行合一，生生不息，打造教师成长生态圈

——广东省陈磊名师工作室建设之路总结

在这个期待春暖花开的季节，我翻开老照片，回忆起工作室初立时的点滴，心中非常感激广东省教育厅、汕头市教育局领导和韩山师范学院省级中小学教师发展中心的关爱。广东省陈磊名师工作室不忘初心，牢记使命，将步伐迈得扎扎实实、稳当坚定，并坚持理想，以创造创新之行动力打造具有岭南特色的教育品牌；以"双线工作"为理念，为广东省小学英语教学工作贡献自己的一份力量。

工作室"双线"工作理念：明以任务性为驱动力，暗以适切性为推动点。

组建一个工作室，带领一帮人朝着理想前进，既需要培养具有岭南特色的名师，又需要把岭南特色的教育理念辐射推广出去。这是我们省名师工作室主持人光荣的时代任务！经过思考，工作室将工作理念整理为明暗两条线，双管齐下，并肩齐行！

一、明线与暗线双线培养，双管齐下，培养粤教育名师

明线与暗线双线培养制度建立在人的生物评价系统的基础之上。明线为任务线，为驱动力，用任务驱动学员逐步提升。工作室的年度工作单贯串着开课、磨课、评课、撰写论文、送教下乡、与姐妹工作室合作交流等任务。工作室以理论学习、专家引领为基础，以开课、磨课、送课为提升力，以论文和培养青年教师为输出点，层次递进，逐年提升，有效地激发学员老师的持续向上力。

暗线为适切性，为推动点。适切，即主持人在深入了解学员老师的性格与教学风格的基础上，找出适合他们自身的培养模式，以PDK理念为指引，以共情与理解为沟通方式，帮助学员老师在三年的培养阶段中形成鲜明的教学风格。

工作室建立两年，学员老师中已涌现出新一批名师苗子。李佩珊老师、陈升苗老师成为区级教师工作室主持人；林祥鹏老师、林艳星老师、林丽玉老师成为市、区级学科知名老师，并在2020年"抗击疫情，停课不停学，停课不停教"活动中承担了市、区级网络授课任务。同时，由李佩珊老师培养的青年教师张真臻获得了2019年省基本技能比赛小学英语组二等奖，由林祥鹏老师带出的青年教师袁晓珊获得了2019年度汕头市教师技能比赛一等奖。

图1 陈升苗区教师工作室

图2 李佩珊区教师工作室

图3　张真臻获得省基本技能比赛二等奖

图4　袁晓珊获得市教师技能比赛一等奖

二、明线与暗线双线推广，齐头并进，打造粤教育品牌

1. 明线为走出去、送出去、传播出去，让更多的老师了解我们的教学理念

课堂教学是教学的基本组织形式，也是教育改革的核心。一线教师最欢迎的就是真实接地气的课堂教学展示。因此，工作室一直坚持送教下乡，采取异地教学模式，加强与当地教师间的合作、交流，与其探讨和解决教学中的实际问题，充分展示工作室的教学理念。

随着科学技术的不断发展，"互联网+"教育成为一种新的教学模式。工作室紧跟时代潮流，依托广东省教育资源网，建立起网上工作室，吸收网络学员，促进优质资源共享。与此同时，工作室还注册了自己的微信公众号及Logo，两年来，共发布教学设计13篇、心得体会40篇、微课视频12个，其关注人数已达800多人。

外出交流，修己达人。走出去实现深度研修、共享、共鸣、共进是我们工作室的愿景。比如，我们联手东莞市戴宏帮名师工作室开展集体研修工作。这次外出研修活动取得了非常好的社会效益：首先，让学员老师们明白了培养思维品质的重要性，也初步明确了如何培养学生的思维品质；其次，把我们工作室的风采带到了东莞，在评课辩课以及讲座互动环节中，我们所体现的精神风貌、扎实的理论基础和清晰的思维品质给东莞的老师及专家们留下了深刻的印象。

2. 暗线为适切性，找到适合一线教师的需求点，从需求点出发，辐射我们的教学理念

作为一线教师，我们太懂得当专业发展遇到瓶颈，当专业发展潜力开发不出来时的那种焦急无奈，那时甚至会有点儿自暴自弃的感觉。这多么让人绝望啊！一线教师最需要的就是学到可操作的、接地气的教学方式，并且最好能在实操中加以解释，使学生明白为什么、怎么样、如何做。在这个理念的支持下，我们送出去和传播出去的课例，每一个操作流程都具有详细的解释，从why、how、what三个层面加以说明解析。例如：2019年，工作室走进普宁下架山镇，我们送去了精彩的课例，课后工作室的学员老师与当地教师交流自己的教学思路。当我们真诚地剖析自己的思路，实在地反思实际课堂中出现的问题时，当地教师也被我们所带动，兴趣盎然地投入探讨，深入地思考着换成他们会怎么教这节课。我们带去的先进理念既符合英语核心素养的要求，又能做到易操作，为当地的小学英语老师打开了一扇新的专业的窗户。这次活动令当地教师受益匪浅，大大提高了他们的专业认识，为了方便以后学习，当地教师还主动关注工作室的微信公众号，以便获取最新的教学研究成果。

主持人陈磊老师，2019年作为"汕头市名师大讲堂"的主讲教师，给全市所有的小学英语老师上公开课。课后，她无私地、详尽地解析了自己做课的思路及课中反映出来的问题。在实操中，她润物细无声地传递了粤派名师务实、创新、注重思维培养的教育理念，现场反响热烈！在交流过程中，我们感觉到无论是任教老师，还是听课老师，其内在的驱动力都被我们的活动激发出来，教师专业发展的自我愿望、需求以及实践和追求都能在老师们闪闪发亮的眼神中找到！

图5　汕头市教育局副局长金春林为陈磊老师颁发授课证书

在这种双管齐下的工作理念的指导下，在省教育厅为工作室搭建的舞台上，我们唤醒了一线教师们沉睡的内驱力，再次激发了一线教师们的教育激情！相信不久的将来，新一批名师将从这里绽放光芒！

第二章

工作室学员教育感悟

不忘初心，遇见一个有更多可能的自己

汕头市龙湖区教育局教研室 方玉华

执起笔的瞬间，我有点儿思绪万千的恍惚。二十七年，从初登讲台的懵懂丫头到如今早已过不惑之年的老教师，我的英语教学一直致力于让学生感受"英语是有趣的，英语课是灵动的，英语素养是可以跟随一辈子且受益终身的人生品质"。不管是英语教学最开始的兴趣开发、后来的探究活动，还是近年来推进英语教学改革，指向英语学科核心素养的各种课堂教学尝试，所有的行为都来源于一份简单的情感——热爱。我始终相信：热爱就能用心，用心生出智慧，智慧成就精彩！因为热爱，所以精彩！这就是我教育教学的初心！

从教27年，我对教育事业激情不退、矢志不渝，努力践行自己的主张，打造"生本的""有温度的"英语课堂。我尊重学生的个性，挖掘他们的才能，将英语课堂打造成学生展示才华、体现思想、抒发情感的舞台；同时课程改革和课程标准让我意识到英语教学的责任还在于培养学生可以一辈子受用的品质——语言能力、思维品质、文化品格和学习能力。《义务教育英语课程标准（2011年版）》提出："英语课程承担着培养学生基本英语素养和发展学生思维能力的任务。"

我认为，教师是职业，也是志业，更是生活的本身。我们在成就孩子的过程中，也成就着自己，与学生共成长；我们以现在求证未来，让生命幸福完整。

一、感动、感谢、感恩

2018年，我很荣幸能进入广东省陈磊名师工作室学习。我热爱小学英语教学，珍惜这次进入研修班学习的机遇，致力于小学英语教学事业。

两年多的时光，感动常涌心头，成长伴随左右，与高人同行，一路走来，我收获满满。陈磊名师工作室成立以来，为我们学员设计了各种培训课程，带领我们集体外出学习，与其他工作室联合交流，送教下乡，组织学员之间互相听课评课，学员们探寻和领悟自身的发展路径和方向以提升专业素养。回顾工作室取得的各方面成绩，审视自己和小伙伴们在加入工作室后得到的锻炼和提升，我想我们都会为当初自己做出加入工作室的决定而感到庆幸。

学习研修的过程有苦有甜，美好的回忆永留心间，我不但见证了自己的蜕变，还遇见了一个有更多可能的自己。精致是一种态度，精致是一种特色，精致需要修剪，精致需要磨炼。

没有专业引领的教学是同水平的重复。没有专业引领就没有教师专业化发展的快速通道。感谢工作室为我们搭建成长的平台，让我们与一群人同行，学习、交流、研究，行走着、思考着、收获着……

我感动于工作室组织者的良苦用心。在主持人陈磊老师给工作室学员做讲座的时候，我们可以体会到她的诸多苦心，可以感受到她对各位成员所寄予的期望。她希望我们通过三年的努力可以成长为有情怀、有理念、懂实践、有成果的名教师，希望我们清晰地规划个人成长路径并努力实践，保持与提升专业素养，不断探索课堂教学，物化成果，实践教科研，向更高的目标跨进，与团队一起成长。作为一名基层教研员，我的本职工作是为龙湖区小学英语教师的专业成长服务，继而通过促进老师们专业成长而达到尽力满足区域内学生们各种教育需求的终极目的。

盲目、忙碌、迷茫是一线教师的常态。我们很少去规划自己，去思考自己的专业发展方向。在导师的引领下，我梳理了个人的研究目标和研究领域，规划了自己的专业研究之路。我也终于明白自己为何曾想过放弃和逃避，仍然对教育有着这么深的情怀；为何在离开了讲台八年后，仍然对三尺讲台有着这么深的眷恋，并于2018—2019学年度自愿到山区支教一年；为何在做了八年的教研工作，成就了无数青年教师的成长后，在领导、同事不解的目光中，还会加入陈磊名师工作室，成为一名学员，因为我仍然期望突破瓶颈、蜕变自己、化蛹成蝶！一切皆源于问心无愧，一切皆源于对教师这份职业的热爱，一切皆源于淡定、宁静、慎独！

感谢有思想、有凝聚力、有生命活力的团队，我们研伴同行，共同成长。没有梦想，永远到不了远方。我们一群人，一个梦，一起走。Go alone, faster. Go together, further. 我们共同筑梦，携手逐梦前行，最终圆梦力行。

我们一群人向着同一个目标一起奋斗，一起备课说课，一起云端研修……交流思想，碰撞智慧，精致修炼，不断突破，实现成长与再成长。我牢牢把握这难得的机遇，以饱满的热情和积极的学习态度，全程参与了集中研修、跟岗实践、现场研讨、行动研究、送教下乡等各项活动和任务。我们外出学习，参加广东省教育研究院主办的"2018年广东省义务教育英语适切教研"和"2019年广东省小学英语拓展阅读适切教研"两次研讨活动以及韩山师范学院主办的"2018年广东省中小学名教师、名校（园）长工作室入室学员集中研修活动"；我们送教下乡，到汕头市龙湖区龙头小学，到揭阳市普宁下架山镇汤坑小学；我们赴东莞，与东莞市戴宏帮名师工作室、广东省陈贵妹名师工作室共同研修；我们追梦惠州……我们积极探索基于核心素养的生态教学，打造心中有"人"的课堂，提升学生"思维的温度""人文的温度""学习的温度"；我们在学习研修的过程中获得更多的体验：体验协作研究的幸福，体验学术研究的乐趣，体验个人成长的快乐；我们切实提高自己的英语水平、专业素养与理论积累，努力梳理相关的教育教学理论并撰写相关论文，物化成果，提高教科研能力，发挥自己的引领辐射作用。一堂堂课，一场场讲座，一次次跟岗研修，带给我们的是欣赏与体悟，留给我们的是理念与智慧。老子曾在《道德经》中说过："道生一，一生二，二生三，三生万物。"交流使人进步，研修使人成长。这是一场诗意的修行，充实而坚定，成长并幸福。

二、遵循路径，成长蜕变

1. 学习以致远

作为教师，我们要有"终身学习"的理念，多读书，不断地向同伴、向专家、向书本、向互联网学习新的知识和理念，促进知识结构的更新、重构和扩展，提升自己的职业能力，做一个有专业底气和专业自信的老师。教师的专业自信源自较扎实的学科专业知识，较宽阔的人文视野，较娴熟的教育教学技能。我们要牢牢记住：学习是一个教师生命充满活力的根基！这是一个知识体系快速更新的时代，对于层出不穷的前沿教育理念，我们唯有不断地学习，更新知识体系，优化知识结构，重构对教学的新认知，才能夯实教育教学的理论基础。

首先，应继续学习学科专业知识、教育教学理论知识和教育教学方法，旨在夯实理论基础和掌握实操技巧，并用于指导实践教学。通过做学习笔记，内化知识，从而不断地提高自己的语言素养；反复研读英语新课程标准，用理论去支撑英语课堂的教学设计和活动，并通过"学习伙伴+专家引领"的方式构建自我的学习中心，从而提高自己的教育教学技能。扎实的教师基本功、娴熟的教学技能，不仅能让我们有获得感，而且能帮助我们在教师专业化成长道路上走得更稳。疫情防控期间，为了应对线上教学这一区别于传统教学方式的教育教学新挑战，积极响应上级教育主管部门的指示精神，配合实施"停课不停学"活动，我组织开展了龙湖区小学英语学科协同线上研修活动。从微课的录制到利用直播平台开设直播课，我们都在不断地学习新信息技术以及新的教育教学方法和技巧，加强对线上教学的理解以及提升线上教学的能力。这为录制共享于教育局统一部署实施的"云课堂"线上教育模块的155节精彩教学课例奠定了坚实的基础。唯有不断学习，我们才能拥抱新技术，才能更加游刃有余地迎接新挑战。

其次，应继续精读教育学专著，并广泛阅读相关教育教学期刊，深度思考，从而达到精准表达。疫情防控期间，我再次拜读了日本学者佐藤学教授所著的《静悄悄的革命——课堂改变，学校就会改变》和辽宁省特级教师徐世贵、刘恒贺老师所著的《教师怎样做小课题研究》等书。《教师怎样做小课题研究》一书中提到：对于我们每一位教师，有研究才有效率，有研究才能成长，有研究才有风格，有研究才能突破，有研究才有快乐，有研究才能蜕变。他的话语点燃了我做课题研究的热情。佐藤学教授在书中阐述的"润泽的教室"再次深深地打动了我，我撰写了读书笔记《营造让生命自由舒展的教室——读〈静悄悄的革命〉有感》。

最后，在工作室提供的支持性、探究性的文化环境和各种集中研修活动和任务中，我主动参与和建构学习，提升自我，畅游在知识的深海中。在专家们的引领下，我们夯实了理论基础，也深刻地体验到思维发展的快乐！

工作室聘请的每一位专家、导师都给予了我们最专业的指导。仅2019年，工作室就给我们安排了5位专家的优秀讲座：全国知名教师、英语教研员田湘军老师关于课堂教学设计的讲座，北京师范大学外文学院院长程晓堂教授的"英语教学与思维发展的融合"讲座，东莞市教育局教研室张凝老师的"小学英语绘本课程实施的有效途径——无师教学"讲座，陈磊老师的"从情感维度入手，推动小学英语核心素养的培养"讲座，韩山师范学院外国语学院副院长张丽彩教授的"英语学科核心素养视角下小学生文化意识的培养"讲座。在2018年广东省中小学名教师、名校（园）长工作室入室学员集中研修学习期间，我最难忘的是华东师范大学杜龙辉教授分享的讲座"技术改变教学——见微知著"和"微课程媒体策略与设计艺术"。杜龙辉教授为我们开启了直播课堂、虚拟课堂、未来课堂的大门，让我们深切地感受到教育技术对我们教学方式的改变。没想到，我们所学的技术竟然这么快就派上了用场，服务于教学，实践于今年疫情防控期间的线上教学。未来已来，我们学习技术，拥抱趋势，就是拥抱未来。

2. 实践以致强

作为教师，我们要有精专的科研素养，在学习中进一步研究，加以提炼，拓宽自身视野，让研究拓宽我们的专业之路。除了学习研修外，我在理论践行方面也开展了更多的学习和思考。

首先，要敢于走出舒适圈，去改变，去创新；勇于实践，做行动研究，以问题为导向敢于尝试和不断钻研，不局限于教材，不断从新角度理解和挖掘，并做好教育教学的反思和总结，将优秀案例撰写成文。同时，积极承担各级各类公开课、展示课，践行理念，在磨炼中精致化成长。

2019年11月4日至10日，在新乡小学跟岗实践集中研修活动中，我们工作室的学员展示了涵盖语音、阅读、词汇及复习课几大板块的10节课例。我们记录了各自上课过程中的精彩时刻，从不同角度观察着师生的动态，分享交流彼此的收获。我展示的课例是人教PEP教材三年级上册Unit 3 Revision。我基于核心素养的理念来确定教学目标，将学生的语言能力融于文化品格、思维品质和学习能力的培养中，从而发展和提升核心素养。我把该课例的文化品格的教学目标设定为"能初步了解中国脸谱，感受其魅力，增强对中华传统文化的了解与热爱；能在活动中加深对机器人的了解与喜爱，提高科学素养"。我将三年级学生已学的颜色词与本单元词汇及句型相融合，提高了学生的语言综合运用能力；将英语与科学、美术等学科相融合，提高了学生的学科素养、动手能力和创造力，体现了"Learning English by using it"和"Learning through doing"的教学理念。

在课堂实施过程中，我注重指向学科核心素养的小学生思维品质的培养，尽量做到：巧引善问妙设计，多元互动启思维。有效的课堂提问，不仅能够调控和管理课堂，还能引导学习者获取信息，掌握知识，更能启发学习者发现问题和思考问题，促进学习者思维能力的发展。从事实型问题到分析综合型问题，再到评论型问题，有效的课堂提问引导学生思维品质的发展从记忆、理解阶段，走向综合、应用阶段，最后增强学习者思维能力的逻辑性和批判性，促进学习者的思维发展从低阶思维逐步走向高阶思维，开启学习者的思维之门。

我还尽量做到：耐心等待，主动留白。学生思维的开启，需要教师在平时的教学中对学生进行有计划的培养和点滴积累，最终达到在课堂中发展思维和培育学生核心素养的目的。因此，我在教学过程中始终注重互动，特别在讨论问题、阅读分享、小组活动中，关注学生的反馈，特别注重和学生讨论和交换看法，与学生进行情感的交流，尽量让学生在老师的指导下越学越有兴趣，肯开口，有话可说，有话能说。由于是借班上课，学生和我课前全无接触。规则、示范是教学活动或任务进行的保障，因此，无论是在"Warm-up"环节还是在游戏环节，我都没有急着开展活动，而是仔细给学生讲清楚小组活动中每个组员的分工和游戏规则，让学生清楚自己的学习任务，清楚活动如何进行，并在活动中真正关注和聆听别人。孩子们参与进来了，课堂也就活起来了！所以，在课堂上我们要做到因才慧导，适当地留白，用智慧去引导，用耐心去等待，最终赢得学生的精彩回答，这样做并不是浪费时间，而是在拓展学生思维的广度与深度。

其次，要基于自己的优、劣势分析，向着某一项课题做持续的、深入的研究，并付诸课堂实践，再修正改进，力求能形成系列篇章，从而整理提炼和形成自己的主张。在指导青年教师开课参加省赛的过程中，我发现自身对绘本教学的认识还不够深入，对绘本阅读教学的设计及实施的能力亟待提升。因此，我在绘本阅读教学方面进行了更多的思考、学习和研究，并开展2019年9月已获得立项的区级课题《小学英语绘本阅读校本课程的设计与实践研究》的研究。我在网上观看王蔷、程晓堂教授关于绘本教学的讲座视频，从王蔷教授的"基于核心素养的英语绘本阅读教学——理念、意义、原则与途径"讲座中理解了核心素养与阅读教学的关系，从鲁子问教授的绘本阅读教育工作坊了解了绘本阅读的价值和意义、绘本阅读的方法与活动等。

参与课题研究是我们所有教师专业化成长的一条必经之路。作为基层学科教研员，我研究课程功能、课程结构、课程内容、课程实施、课程评价、课程管理等的理论与实践，要从课程实施过程中及时发现问题，研究解决策略，并通过"带教""带研"致力于区域教师队伍建设，发挥自身的号召力、组织力、领导力，凝聚一批具有强烈自主发展意识的优秀教师，共同开展教育教学改革的研究和探索工作。我主持的致力于教师专业发展的课题《小学英语教师专业发展培养及其提升路径的研究》获得了汕头市教育科学"十三五"规划2020年课题立项。边做课题边梳理，我撰写的《适切教研视角下的小学英语新任教师培训探索》获得了广东省教育学会外语专业委员会2019年中小学英语教育教学论文评选一等奖。

3. 分享以辐射

且行、且思、且辐射。我的结合区域实际的新任教师培训成果《适切教研视角下的小学英语新任教师培训探索》在2018年广东省义务教育英语适切教研研讨活动中做了主题分享。在丰顺县支教期间，除了完成繁重的教学工作，我还不遗余力地帮忙培养青年教师，助力当地教师的专业发展。我上校级公开课，展示了自己课题研究的讲座、课例，让更多的老师能够同享我们的学习成果。作为基层学科教研员，我努力构建龙湖区小学英语科学科骨干教师的培养机制和方法，及时发现教学典型，扶植和培养青年教师、骨干教师，给予其锻炼和表现的机会，并让骨干教师逐步在一定范围内发挥作用。

"最好的学习方式就是教会别人"，在与他人分享的过程中，我们收获了学习、研究带来的充实和快乐。分享是一种动力。

三、砥砺前行守初心，做最好的自己

杨绛先生说："人之所以不断成长，就绝对是有一种坚持下去的力量。"不忘初心，是我对自己的提醒。再忙再苦再累也不要忘记我们对教育最初的情结，永远不要改变我们教育教学的初心。因此，我对未来许诺：记住这一路走来的感动和美好，抹去汗水，扬起笑脸，让我们永葆育人者的初心，学而不厌，诲人不倦！

经层层推荐遴选，2019年5月我被广东省中小学教师培训专家王贵林工作室录取为入室学员。

新征程，再出发。一个人独行可以走得很快，但一群人同行会走得更远。小学英语教学，我们，在路上。

脚踏实地，走出一路风采

汕头市东厦小学　李佩珊

我加入广东省陈磊名师工作室已有三年了。回想起加入工作室初期，我倍感压力，但这份压力却增长了我前进的动力，从更大程度上激发了我的潜力。三年来，我感受更多的是充实和快乐，积累与沉淀，挑战和成长。

一、从学习别人到反思自己

阅读是汲取优秀经验的有效方法，是教师提高专业素养的重要途径。自加入工作室以来，我一直不断地要求自己静下心来阅读，因为这样才可以丰厚自己的知识底蕴。读别人的文章时，我总是很佩服他们的能力。他们有自己鲜明的观点、深刻的体会、内心的感悟。反思自己的教学过程，我也思考过这些观点，但没能深入地研究，没有把它们总结记录下来。

记得我读过一篇名叫《读出你自己》的文章。作者介绍他的学校有位教师每月都能发表几篇文章，大家羡慕不已，纷纷前去求教写作真经。那位教师给他们讲了一个故事：三个人一起观察一只蚂蚁不断地爬墙壁。第一个人认为自己应该学习蚂蚁这种百折不挠的精神，悟到自己要坚韧，要振作。第二个人认为蚂蚁可悲，一再失利就该聪明地放弃原先的计划，走新的道路，这样才能获得放弃与变通的智慧。第三个人反观其他两个人对待同一事物的不同态度，努力思考本质原因。那位教师在讲完故事之后让大家选择谁是对的，大家纷纷做出了自己的选择。可那位教师最终却没有肯定大家的选择。实际上故事中几个人的想法都是正确的，三个人都是从简单的情境中得到自己独特的感悟。大家的选择都不准确，是因为大家都没有说出自己的东西，没有拓展自己的思维，没有深入地思考问题。

这个故事让我懂得了"反思自己"的重要性。在学习别人的时候，我们应该询问一下自己：对方是什么观点？我是否有相同的观点或者有什么其他见解？我会怎样表达？理由是什么……

"反思自己"也是工作室主持人陈磊老师一直以来对我们的要求。她希望我们每次学习都能从心出发，抛弃习惯性思维，从多个角度和多种方面进行思考，能阐述自己的见解。三年来，每一场工作室跟岗学习和研修活动后，我都会通过笔头的形式进行反思和提炼自己的观点，累计共有《专业成长，从心出发》《生态课堂的情绪管理》《感动于深情流露的课堂》《授之以渔，终身之用》等16篇观课报告、跟岗日志、听课评析和心得体会。我渐渐地学会了表达自己的观点。几年来，我把自己在教学过程中所积累的经验和想法进行梳理、总结和提炼，有多篇论文发表并获得各级各类奖项。

二、从集体智慧到自我提升

我一直记得一个木桶装满水的启示：要使木桶最大限度地装满水要具备什么条件？答案很简单，首先需要所有木板一样高，而且木桶不能漏，这样才能装满水。我们的教师团队合作也是同一个道理。一个团队是一个专业发展的共同体，我们站在集体的肩膀上飞翔，短板要向长板学习，才能提高能力，长板要帮助短板，才能共同进步。

团队教研具有能够集大家智慧共促成长的优势，在团队活动中大家集思广益，积极地把自己教学中的一些问题提出来与老师们讨论交流，从而真正达到以研促教的目的。在凝聚力强的团队里，我们的收获会更多，我们的成长会更快，真正达到共创共享共升。这也是我在工作室跟岗过程中的深刻体会。

三年来，我积极参与工作室的每一次团队活动，认真听好每一节课、每一场讲座，认真参加每一次交流和研讨，从中学会发现问题，结合自己的教学实践，有所思有所悟。令我印象最深刻的是，在一次跟岗活动之前，主持人陈磊老师就向我们提出本次听课研课的重点内容是以学生为中心的观课思考，并让我们所有成员列出至少一个以学生为中心的观课点：可以从学习前观察、学习中观察、学习后观察三个阶段思考，可以思考学生在学习过程中如何从低阶思维向高阶思维发展，可以观察学习需要支持的学生和学习自主力强的学生是如何在同一课堂中展开学习的，等等。在每节观摩课之后，我们每个成员老师各抒己见，纷纷围绕自己的观课点反思教学，表达自己的看法。有的从培养学生学习习惯讲起，有的关注学生的学习动机，有的注意到学生解决问题的能力，有的围绕对学生文化品格的培养，有的从学生思维能力发展方面发言……这个过程虽然很烧脑，但同伴们之间的交流碰撞却能激发出更多思想的火花。这样交流的收获是平常只听评课无法比拟的，会让我们更快速地成长，从而具有更强大的力量，去完成蜕变。

三、从不断历练到自成风格

省名师工作室的平台不仅开阔了我的视野，提高了我的教育素质，还为我的历练提供了帮助。

2018年，我被选为区小学英语学科工作室的主持人。在省工作室的引领下，我带领区小学英语工作室的所有成员进行课题研究，举行学习培训和送教下乡等形式多样的交流研讨活动，充分发挥全体成员的智慧和教学研究能力，发扬开拓创新精神和团队合作精神，促进工作室成员迅速成长并形成自己的教学风格和特色，充分发挥工作室的辐射和引领作用，努力扩大工作室在我区小学英语学科教研工作中的影响力。

近几年，我还做了许多场讲座：在区质量分析会上，做英语科期末检测质量分析；在区送教活动中，做题为"小学英语词汇课教学建议"和"英语学科核心素养与阅读教学"的讲座；在区新教师和支教教师培训会上，做题为"以生为本立足课堂"的专题讲座等等。除此之外，我还和省工作室的学员一起开展现场课研讨活动。在此次晒课的过程中，我觉得从定课、备课，到最后的展示、反思，是一个不断思考、不断否定、又不断重建的过程，这个过程充满了智慧的挑战和思维的碰撞，这是一种只有在实践中才能得到的成长和提升。

一次次的学习和模仿，一次次的实践和批判，一次次的探索和构建，如今反思自己的课堂教学，我更多地注重细节方面的处理。英语课堂教学是一个有机的整体，在这个整体里教师要了解教学的基本目标，要思考所有教学内容的内在联系，要结合教学内容开展各项活动。我觉得只考虑这些方面还远远不够，还需要我们多关注教学中的每个细节。

首先从课堂引入到讨论，再到训练反馈，到总结，教学的每一个环节几乎都可以优化和预设，这样才能使这个整体变得更灵动、更有效。其次要善于发现并积极对待课堂中那些闪光的细节，这些无疑是精彩课堂的点睛之笔。例如在设计教学时，除了注重每个环节本身的优化之外，我还关注各环节之间的过渡衔接，关注对语言材料的整体呈现，关注词汇教学的语音关，关注语言活动的参与度、活动之间的连续递进关系，关注语言运用时支架的搭建，关注事实型、分析型和开放型等不同类型的问题对学生思维的促进，关注如何挖掘文本内涵、延伸教育意义，关注学生自主学习能力的培养，等等。我想，"注重细节处理"便是现阶段属于我自己的教学特色和教学风格吧。我相信只有不断地学习和突破自己，我的课堂教学才能日趋成熟，我的教学风格才能日趋完善。

回顾在工作室的三年学习历程，仍历历在目，我感谢有这样的学习机会，感谢工作室主持人陈磊老师的引领，她让我认识了这样一个优秀的团队，一群志同道合的人，让我能和大家一起脚踏实地，一路走出风采。

"万人丛中一握手，使我衣袖三年香"

——加入广东省陈磊名师工作室有感

汕头市金珠小学　元梓娟

岁月流转，林花谢了春红。在繁忙有序中，我加入广东省陈磊名师工作室已近三年。在这段时光里，我们所有成员怀着共同的教育情怀，始终保持一种向上的姿态。我们同研修，共成长，在研讨交流中共同提升。优秀成员们勤于学习、善于思考、积极进取、勇于探究的精神感染了我。主持人陈磊老师深厚的专业底蕴、广博的专业学识、高度的责任心更是让我深深地被折服。成长是一个过程，虽然培训过程很辛苦，但在工作室主持人的引领下，在与同行们共同学习中，我更多的是体会到了交流的愉悦，收获的快乐！我不仅开阔了视野，更新了教育教学理念，提升了自身的理论学识，也提高了教学技能，收获满满，累并快乐着！虽然收获了很多，但是我也看到了自身的不足，现将工作总结如下。

一、名师引领，优秀同行，潜移默化提素养

加入工作室，我既荣幸又倍感压力。学习是不断进步和不断更新教学思维的唯一途径。跟着书本和其他媒介学习，可以拓宽自己的眼界，打开自己的教学思路，加大知识储备量，让自己变得更加有底气。跟同行学习，可以发现同行身上的优点，取他人之长以弥补自己的不足。我十分珍惜工作室提供的学习和锻炼机会。如果说教会学生英语知识是"走出去"，那么不断学习便是"引进来"。加入这个大家庭，我找回了当学生的感觉，重新体验到学习的乐趣。在此期间，我时时感受到导师和同行对我专业成长的助力。

经验丰富、学识渊博的陈磊老师，作为工作室的主持人，无论是撰写教学论文，还是承担公开课都走在前面。在教学活动中，陈老师对教材深刻的理解、对孩子年龄特点的深度把握、独具匠心的教学设计及对课堂教学高超的驾驭能力，令我们惊叹不已。大家深深地感受到她对教育教学的全身心投入和勇于钻研开拓的热情。她用激情点燃我们的激情，用智慧启迪大家的智慧，给我们营造了一个精诚团结、和谐互助、积极向上的学习氛围。在每次的学习交流中，我们感受到了名师的人格魅力和专业素养！

名师工作室为学员的创新和发展提供了更多的机会和更广阔的平台。工作室学员各有独特的教学特色，三年来，活动层出不穷，精彩纷呈。我们既开展理论学习、专题讲座，又有名师示范课和学员的研讨课。在学习过程中，大家畅所欲言，相互学习。每一次教研活动和每一次研修探讨时，我总能感受到同伴们思维智慧碰撞的火花，共享研修硕果更是让我开阔了教学视野，使我受益匪浅。教育理论和教学实践的深度融合使我不断地反思自己在以往教学中出现的技术短板，适时进行调整并做出改进。这一方沃土见证了我们观念的革新、理论的提升、知识的积淀和教学技能的增长，更为我们的教学注入了新的活力。感恩遇见，我重新定位了自己，找到了努力的方向！

二、研学理论，勇于实践，丰富积淀促提升

"问渠那得清如许？为有源头活水来。"学海无涯，教无止境，只有不断学习才能保持鲜活的知识体系，才能让学生感到新奇有趣，才能保持教学的青春和活力。作为新时期的教育工作者，如果自身没有丰富的文化底蕴、专业素养，是无法胜任英语教师一职的，也无法教会孩子更多的英语知识。要让自己成为具有多元化知识结构和适应新时代的教师，要提升专业素养，争做有品位的教师，用独特的人格魅力、深厚的人文素养、广博的知识积淀影响学生。要使自己的教育教学水平再上一个台阶，唯有不断提高专业素养，不断学习并完善专业知识，这样才能做时代的弄潮儿。为此，工作室开展了多场专题讲座学习：广东省义务教育英语适切教研研讨活动、潮州市教育局教研室英语学科教研员柯秀红老师的"教师专业成长的有效途径"讲座、汕头市教研室主任林荣秋的"远方不远，未来已来——关于基础教育品质与教师专业品质提升"讲座、北京师范大学外国语言文学学院程晓堂教授的"英语教学与思维发展的融合"讲座、东莞市教育局教研室张凝老师的

"小学英语绘本课程实施的有效途径——无师教学"讲座、广东省普通高中教师职务培训英语学科专家郑扬眉的"ABC of Vocabulary Teaching"讲座、工作室主持人陈磊老师的"从情感维度入手，推动小学英语核心素养的培养"讲座等。二十年的教学生涯，我一直在努力探索，也曾有过迷茫、忐忑、不知所措……这些知名学者们以他们扎实深广的理论学识为我们拨开了教学中的层层迷雾，让我们豁然开朗，为我们指明了方向。工作室组织的一次次学习和培训，让我逐渐成长，逐渐成熟！

三、勤学善思、精心钻研，教学相长提技艺

《礼记·学记》中有精彩的阐述："是故学然后知不足，教然后知困。知不足，然后能自反也；知困，然后能自强也。故曰：教学相长也。"一个不会学习的人永远不会是一个成功的人。只有学而不厌的先生，才能教出学而不厌的学生。勤学向上、善于反思的老师更具人格魅力。要做一名专业上、教学上都过硬的教师，必须保持旺盛的求知欲，有扎实的专业学识是前提。要不断在自主实践中反思教育经验，积累自己教学工作中的失败与成功，发现自身教学的优点与短板，转变教育理念，提高教学技能。三年来，每次研修活动后我们都积极撰写讲座心得、观课报告、课后反思等，记录下思考的点点滴滴、学习和教学中的点滴体验。课后，我们也进行热烈的研讨。思维碰撞的过程就是不断提高自身教学技能的过程，大家畅所欲言，结合教学实践中的困惑与思考，进行深入的剖析，指出问题，提出建议，并最终将所有思想转换成文字。这不仅提升了教学智慧，还让思维的触觉更加宽广与敏感。

四、博采众长、拓展思维，观课磨课长智慧

"纸上得来终觉浅，绝知此事要躬行"。课堂不仅是教育的核心阵营，还是师生沟通交流的窗口。在这里，学生掌握知识，习得技能。三年来，工作室全体成员以认真严谨的态度、坚持不懈的精神深入进行课堂教学研究，并以课堂教学为载体，开展生态课堂教学教研活动。我们希望借用生态学的力量为课堂教学开辟一个全新的天空，回归教育的本义，让学生真正获得全面的发展。一花独放不是春，百花齐放春满园。为了发挥工作室的引领、帮扶和辐射作用，工作室的成员辛燕舒老师和卢省吾老师分别到汕头市龙湖区

外砂镇龙头小学、普宁市下架山镇汤坑小学进行送教活动，为当地的同行执教研讨课。我们也向各地优秀的同行们汲取先进的教学理念和教学方法，奔赴普宁聆听全国名师、顺德区英语教研员田湘军老师的展示课，现场感受大师的教学风采；奔赴东莞，和那里的名师们——董剑老师、黄桂英老师、欧阳玉芬老师、李秀容老师相互学习，共同成长。学习促思考，随后工作室全体学员在汕头市新乡小学举行教学展示。活动中，老师们教学风格迥异，精彩纷呈。在教学设计和课堂教学中，老师们根据学情和学生年龄特点，紧紧围绕教学目标开展教学；开启学生的思维，培养学生解决问题的能力；抓住适合的教学契机，以兴趣为驱动力，多角度设计符合学生认知水平和有意义的问题，培养学生思维的创造性，激发学生参与教学活动的主动性，以期达到教学的最优效果。课后，我们就执教老师的教学设计及课堂效果展开热烈的讨论。工作室的成员是来自不同学校的骨干教师，大家都有自己独到的教学见解和教学风格。从观课到议课，我们聆听着同行和主持人精彩的观点，分享彼此教学的智慧，深受启发，受益匪浅。

五、实践探究、学有所获，锦绣未来可期待

"学然后知不足"，我参加工作室之后发现，虽然我有多年的工作经验，也取得了些许成绩，但仍然存在不足，如缺乏对教育教学理论更深入的学习和钻研，课堂中追求的高效且有质量的教学活动仍需不断学习和探研；受传统教学模式的支配使我未能深入运用当前教育新理念，无法将"教学行动"与"教学研究"更好地进行融合。教学反思和心得撰写一直是我的弱项。参加名师工作室，一路走来，既为我的专业成长提供了极好的学习和锻炼机会，也为我搭建了展示自我的平台。我时刻牢记自己是一名"成长中的名师"，要做让孩子喜欢的老师，让家长放心的引路人，需要不断学习，丰富内涵，提高自身专业素养，路漫漫其修远兮，吾将上下而求索。在未来的教学工作中，我会不断地学习、探索、实践和总结，让自己的教学理念渗透到课堂活动中，关注细节，一点点、一步步唤醒孩子心中的智慧火花，让每一次尝试都能开出喜悦的花，让每一个孩子都能乘兴而来，尽兴而归，学有所获，学有所得！期待未来，我们的锦绣满园！

热爱 成长 自信

——广东省陈磊名师工作室成员修炼手册

汕头市丹霞小学 卢省吾

三年前，我的教龄满15年，在教学上已形成了自己的风格，教学经验还算丰富，对课堂的驾驭能力比较强，常常有很多不错的点子。我刚好也进入了教学的瓶颈期，感觉自己踟蹰不前，失去未来的发展方向。这时，一句话吸引了我：Go alone，faster. Go together，further. 独行快，众行远。来自陈磊名师工作室的这句标语，瞬间打动了我，我毫不犹豫地递交了申请书，成为这个集体的一分子。

个人的智慧只有在集体中才能得到发挥，集体的成长才能促进个人更快成长。在这个集体里，我们在陈磊老师的带动下，参加了一次次的学习和实践，陈老师安排的每一个任务，驱动我们不断地学习。在合作中，我们共同提高，优势互补，共享教育智慧。这个平台为我们的专业成长提供了优质的途径和资源，工作室成员向着"谋求专业高位发展，享受教育幸福人生"的美好愿景一路前行。

一、研修促成长

加入工作室，最幸福的事莫过于每个学期都有几次大大小小的研修活动。在研修活动中，我们最喜欢的就是听专家讲座了。除了陈老师自己，她还请来了像程晓堂教授、张凝老师、田湘军老师、林浩亮副院长等名家大咖，为我们指点迷津。我们还到过广州、东莞、潮州等地，走访名校名师，倾听、交流、领悟。

尤记得2019年4月，我们在滂沱大雨中走进了东莞市戴宏帮名师工作室，陶醉在东莞名师们带来的四节活力课堂里，更陶醉在程晓堂教授和张凝老师给我们带来的讲座里。

那次外出学习，我领悟到教学的目的是要教会学生怎么学，并促进学生更好地学。教师的引领和指导让学生学会自主学习，乐于表达和分享，且能够在学习的过程中掌握方法。

在之后的教学中，我努力做到以下几点：第一，把语言知识的学习与语言运用结合起来，学习知识是为了运用，在语言实践中运用语言的过程就是思维的过程；第二，语言与内容的结合，把英语学习与知识、经验和智慧的学习结合起来；第三，把英语学习与思维的训练结合起来，让学生的思维动起来，学习如何思考，在思考中学习；第四，把语言与文化结合起来，学语言亦学文化，培养文化意识，培养跨文化思维能力；第五，创新考试与评价，准确考查学生的语言能力，在考查语言能力的同时渗透对思维能力的考查，积极反拨课堂教学，注重思维能力的培养。

二、实践出真知

用理论来推动实践，用实践来修正或补充理论。

千锤成利器，百炼变纯钢，教师的专业成长离不开三尺讲台。2019年11月，一场"在课堂一线中剖析，在对撞思考中成长"的跟岗研修活动，在热烈而轻松的氛围中开展。来自工作室的十位成员老师，分别带来了十节风格迥异的汇报课。

授课的老师根据学生的心理特征，进行有效的课堂设计，从细节入手，潜移默化地感染并引导学生进行学习活动。精美的课件和教具制作，富有亲和力的表情和肢体语言，多样的教学活动等，吸引了学生的注意力。听课的老师听、看、记，从不同角度进行观察与思考，课后进行热烈的讨论和分析。

我从以下的观察点入手，进行课例分析和评价：

1. 培养学生良好的英语学习习惯

小学生思维活跃，可塑性强，在学习习惯方面需要教师在课堂中潜移默化地引导和指导。在课堂上，教师不仅应该关注知识的习得和能力的锻炼，还应该注重对学生学习习惯的培养。

比如，应在课堂上注重对学生朗读时语音语调的指导：学生在读单词的时候，不要拖长音，正确掌握连读、断句停顿、升降调的方法。

学生在课堂中从模仿慢慢内化为自身表达的能力，表达更自然，养成开口就是句子的习惯，而不是只会用一两个词语去表达想法。

教师应注重培养学生在合作性学习中学会倾听的习惯，引导学生共同关注课堂中倾听的重要性。

2. 以兴趣为驱动力，激发学生参与活动

兴趣是最好的老师。在教学设计上，教师要通过评价、肢体动作和丰富的教学活动充分激发学生的学习兴趣，利用学生的兴趣点激发学生的学习欲望。

在词汇课中，教师可采用与本节课教学内容相关的小图片作为奖励，鼓励学生更加积极地参与学习活动，学生的自我认可感得到满足；在小组比赛中，表现好即可获得拼图，在好奇心的驱使下，学生积极表现。学生在得到了不同类型的奖励时，都非常自豪，获得了学习的成就感。

课堂上的一些小游戏，学生们也是很喜闻乐见的。比如Sharp eyes，I do and you guess， 还有听音看谁拼得快等，都能激发学生的竞争意识，大部分学生乐于参与，在玩中学。

3. 培养学生的思维能力，成就课堂的厚重

语言是思维的载体，学习和使用语言需要思维的参与，语言的学习和使用也能促进思维的发展。把语言能力的培养和思维能力的训练结合起来，不仅不会增加学生的课业负担，而且可以达到二者相辅相成、彼此促进、事半功倍的理想效果。在语音教学课堂上，教师也可以采用丰富多彩的活动，有意识有目的地培养学生的发散思维、逻辑思维、创造性思维等能力，确保学生语言表达的深刻性，切实提高其思维品质。

我将两年学习时光里积累下来的理论和经验，尽数呈现在我带来的PEP Book 7 Unit 4 B Read and write的阅读课里。我通过What、Who、When等问题引导学生阅读四则俱乐部的Notice，引导学生捕捉重要信息，提高阅读技巧，培养阅读能力。在解构文本时，我先进行science club的指导阅读，再利用其他形式引导学生自主阅读其他两则通知。课后，陈磊老师向我提出了建议：能否利用逆向思维来调整教学设计，让学生的思维向纵深处发展。比如，其他三则通知改为让学生自主组织文本，确保学生语言表达的深刻性，切实提高其思维品质。

经过陈老师的点拨，我茅塞顿开，迅速调整了教学设计，并在此之后不久，为我们学校所在的教育集团的全体英语老师重新展示了这节阅读课，受

到了听课老师们的一致认可，好评如潮。

果然是理论指导实践，理论由实践赋予了活力，由实践来修正，由实践来检验。

教无止境。教师的成长离不开实践、思考、提出问题、解决问题这样一个过程，而且反反复复，永无止境。只要我们敢于走出舒适区，一定能成就课堂的厚重与精彩。

三、知行而致远

在提笔之前，我反复打开了电脑里"陈磊名师工作室"的文件夹，里面的一张张照片、一篇篇心得，带我梳理了这三年来的心路历程、收获和成长。

看着一张张照片，我回忆起聆听大师讲座时，听到真知灼见时小鸡啄米般地频频点头，回忆起听到工作室成员们一针见血的点评时恍然大悟的夸张表情，奋笔疾书的身影，还有求知若渴的眼神……

看着一篇篇笔记和心得，密密麻麻记载着的都是我的收获，我的成长故事，还有沉甸甸的教育教学感悟。

三年的时间，不长不短。我送教下乡，到普宁市汤坑小学为六年级的学生上示范课；本人辅导的两名学生获得龙湖区"我爱家乡"视频比赛二等奖；我撰写的论文《登上"Phonics"号邮轮，畅游英语知识海洋》获得广东省教育学会2018年论文评比三等奖；我主持的课题《如何在语音教学中落实英语课程的工具性和人文性》经龙湖区教育局教科研领导小组考核评议，顺利结题。

最让我感到骄傲的是，在2020年新型冠状病毒疫情期间，学生"停课不停学"阶段，我一力承担了学校三年级和六年级的网课，为这两个年级的学生录制了50多个口碑网课，在腾讯视频上有超高的点击量，真情陪伴，守护孩子们的成长。我想，自己如此的动力和勇气，来自沉甸甸的责任感，还有对教学汹涌澎湃的热情，最重要的是对自己专业水平的强大自信。

"光亮教育生命"，教师用心用情化成阳光雨露呵护每一棵需要关爱的幼苗，把课堂打造成生机勃勃的园地，祖国幼苗们必定在这肥沃的土地上茁壮成长。

教学永远没有最好，只有更好。教师的修炼只有零点，没有终点；只有逗号，没有句号。我将继续努力，向着"谋求专业高位发展，享受教育幸福人生"的美好愿景，不忘初心，一路前行。

专业引领促成长

汕头市濠江区青蓝小学 陈升苗

一、名师引领，开阔视野

我有幸成为广东省陈磊名师工作室的一员，收获满满。在主持人陈磊老师的带领和同伴的感染下，我的眼界、教学手法、教学技巧有了很大的变化。在学习的过程中，我享受着名师的引领熏陶，享受着同伴间坦诚相待的扶持，享受着智慧的交流与碰撞……回顾这三年以来的学习经历，我充分感受到这个集体带给自己的收获与成长。理论学习、专家解惑、听课评课、心得交流等一系列的学习活动，给我们架起了一座理论和实践相结合的桥梁，也让我们在这个团队中不断地成长。陈磊老师的付出，我深受感动，她耐心地给工作室成员、学员们灌输一些最先进的教学方法和理念，用实际行动教会我们如何"跳出自我，沉淀自己"。工作室的成员虽然工作繁忙，但是工作室的活动大家都积极参加。工作室充满学术氛围，这让我体会到相互学习的快乐。工作室学员各有特色，每一次的活动，我们都对这段时间自己的教育教学心得进行交流，畅所欲言。通过互动听课、研讨和交流，我们相互启发，相互促进，共同进步。

二、理论沉淀，提升教学素养

三年的实践学习留给了我太多美好的回忆，我对教学理念也有了新的认识。这段时间我虽然蹒跚前行，但有了不少改变。参加工作室之前，我有点儿满足于当下的教学理念与方法，满足于当前的状态，人不进则退，教学亦是如此，最后只会成为井底之蛙。加入陈磊名师工作室后，陈老师不断地为我们寻找学习交流的机会。在专家的引领熏陶下，我不断地提升自己的教育理论素养。2018年9月，陈磊老师带领我们前往广州参加广东省义务教育英语适切教研研讨活动，讲座上Dr. Angi讲道："课堂并不是靠老师一个人来把握和操控的，课堂上我们是否有给学生说的机会，学习过程是否愉悦？"这给了我很大的启示。我反思自己在课堂上经常是"一言堂""你们只要乖乖听我讲就能够理解了"。我的课堂忽略了很多，最重要的是没有以生为本，老师站错了位置。在此之后，我渐渐改变了自己的上课方式，关注学生，根据学生的学情来进行教学。此行中，广东省教育研究院张荣干教研员为我们带来了主题为"英语适切课堂设计：如何分析信息技术背景因素"的讲座。张教研员结合一线课堂教学案例，探索与信息技术融合的英语教育，受此讲座的引领，我申请了区性立项课题《信息技术与小学英语教学有效整合的研究》，进行了很多理论上的探讨，积极探索新的教学路子，不断完善自我，不断提升自己的专业知识，运用现代教学手段，给学生创设情境，使学生乐学、好学、乐在课堂。2019年，我设计的教学课件《Unit 5 There is a big bed》获得"广东省双融双创教师教育教学信息化交流"二等奖；制作的课件《Unit 3 A Let's talk》获得"中国梦全国优秀多媒体教学课件评选"二等奖。东莞之行，陈老师请来北京师范大学外文学院院长程晓堂教授为我们做了专题讲座"英语教学与思维发展的结合"，还请来东莞市教育局教研室张凝老师为我们带来专题讲座"小学英语绘本课程实施的有效途径——无师教学"。一次外出，能同时听到两位大咖的讲座，我到现在想起来还是难掩激动之情。程教授语言风趣幽默，结合英语教学，对如何让课堂成为学生思维的运动场进行了细致的讲解，给出了具体的建议。张凝老师通过实例，引出在阅读课程中如何学与思、输入与产出，语言与文化如何结合等，给我们做了专业的引领。

三、立足实践，完善自我

作为教师，任何新潮的理念与技能都取代不了踏踏实实的课堂40分钟！2018年11月，陈老师带领我们赴龙湖区龙头小学开展送教下乡活动，此次听课活动让我深刻感受到如何在课堂中引导学生的思维发展，拓宽了我的教学思路。在东莞研修学习期间，董剑老师有关思维训练引导的方法，黄桂英老师将中国传统文化与英语语言教学相结合的阅读课，感染力超强的欧阳玉芬老师为我们展示了一节充满热情的语言课，以及咬定青山不放松的李秀容老师的特色课，都给我留下了深刻印象。在他们身上，我意识到了教学中语言知识、语言能力、思维品质以及情感意识在课堂中应如何渗透。我开始审视自己的课堂："我的课堂是高效的吗？我跟孩子们的交流、对话是有效的吗？我的课堂教学究竟还存在哪些问题？"反思之后在课堂上实践，这使我的课堂教学又上了一个新台阶。在工作室2019年的跟岗活动中，大家纷纷亮出自己的"家常课"，精彩纷呈，各有千秋……课上，授课者全身心投入，听课者神情专注；课下，大家踊跃发言，既有真心实意的肯定，又有诚恳善意的建议。课堂成为我们展示教学才能、彰显教学魅力的最佳平台，让我领略到了同伴们精彩的课堂教学技巧、课堂气氛的调节能力，教学理念与课堂教学很好地融合在一起。我们走进同伴的课堂，欣赏他们本真的风采；我们研究自己的课堂，展示自己的功力，通过"学习—实践—反思—再学习"的过程不断地磨炼自己。在这次跟岗活动中，陈老师对我们的听课和评课都做了指导。从听课的角度切入，如何观课，再到如何评课，老师课堂上教学活动实施后，学生的反应如何，效果如何，是否达到老师预期的目标……有了这些引导，我们在听课与评课时目的更明确，针对性也更强，我们也对自己的课堂设计有了更深的思考。我们面对的是学生，教学中应以生为本，备学情，备学生，构建一个积极主动、充满生机和活力的学习氛围。

在陈老师的引领下，每一次的工作室活动：聆听专家讲座、观摩课堂教学、参与论坛讨论，都使我能站在更高的角度审视自己的教育教学活动，也使我增强了关注课堂、关注孩子的意识。学习的同时，我也将这些先进的理念、知识分享给我们区工作室的成员，共同进步。在课堂教学技能上，我逐渐形成自己的上课风格，也逐步得到同行老师们的认可。我能够积极指导青年教师、关心青年教师，积极发挥传、帮、带的作用。三年来，我所帮带的教师教育教学水平都有不同程度的提高。我先后指导谢文丽等七位老师成功开展区性公开课，不论是课程的理念，还是课堂上活动的设计、教学的思路，都受到听课老师的一致好评。除此之外，我还坚持每个学期都上一节研讨课，与英语老师们共同研究探讨，寻找最合适孩子们的课堂。工作室主持人陈老师为我们带来的学习资源使我不断成长，我的教学设计能力也不断提高。我撰写的三年级下册Unit 3 Let's talk教学设计发表在《濠江教育》第七期中。

四、反思及努力方向

"越学越知不足，越学越有内驱的动力"，学习的过程、思考的过程，也是促进我们成长的过程。当我们回顾自己过去的一些教学行为时，我们往往在感受批判的痛苦的同时，享受着成长的快乐；当我们在交流理论学习的心得时，我们的教学视野既有了纵向的推进，又有了横向的扩展；当我们在聆听专家的报告时，我们感受到了名师教学的风采，也领略了名师人格的魅力；当我们在分享自己的收获与成长的喜悦时，回顾加入名师工作室以来参加的各项活动，我们有喜亦有忧，喜的是自己通过这个平台学习了许多，收获了许多，忧的是与工作室的其他老师还有很大的差距。知道了差距，也就明白了自己的努力方向：一是要加强学习意识，常看书，常动笔；二是要不断提升课堂教学能力，提高课堂教学实效；三是要强化科研意识，积极开展小课题研修，以科研研修促质量提升。

名师工作室不仅为我们提供了提升自身素质的空间，也成为我与同行们互相学习、互相促进的大家庭。在这个大家庭里，我找到了自己前进的方向；在这个大家庭里，我体会到了互助共进的热情；在这个大家庭里，我更领略了名师的风采。在信息理念不断更新的今天，社会对教师素质的要求更高。在今后的教育教学工作中，我将继续发挥自己的优势，努力改正自己的不足，以更高的标准来严格要求自己，力争在教学、科研上都取得更大的进步。

大生态教育背景下教师的专业发展

汕头市蓝天小学　林丽玉

生态教育的特点是具有自主性、融洽性、开放性、创造性、多元性和可持续性。生态教育背景下教师的专业成长探讨的是教师与其生长环境中各因素的关系问题。重心及落脚点是教师如何更好地与其所处的日常工作环境中的各种因素相融合，以获得专业上的成长和发展。教师的专业成长需要走出自己、走向外界，从教育同伴那里和更广阔的成长空间中获得更多的专业知识和能力。2018年加入广东省陈磊名师工作室就是给我这样一个更广阔的成长空间。工作室有明确高效的目标，告诉我们应该实现哪些方面的提升，还有一位能指引我们并且给我们布置成长任务的优秀导师。这位导师尊重每位学员的差异性，不断地让我们跳出自己的舒适区，挑战自我，挖掘自己的优势和特点，努力塑造个人独特的风格。

从生态教育的视角，我回顾自己这三年的成长历程，"追本溯源"，审视自己在所处的教育生态系统中与学生、其他教师、学校管理者、家长等的多重关系。每一种关系都是教育生态系统中的一个子系统，由各个子系统共同构成的生态教育环境让我形成什么样的教育理念？教育教学行为有何改变？自我认同感和职业幸福感发生了什么变化？这些问题有助于我更清楚自己的成长轨迹。

一、构建合理的知识结构，实现自主性发展

合理的知识结构既有精深的专业知识，又有广博的知识面，兼具知识的深度和广度，具有开放、动态和多层次性。

结合工作室的总目标，明确现阶段自己所处的位置和达到的水平，考虑

到自己的专业背景和工作环境等因素，我初步搭建三层知识结构，如下：

三层知识结构表

应用层	科研能力、团队协作沟通能力、写作能力、口头表达能力、自我管理能力
专业层	教育教学理论、心理学、教材教学及教学研究方法等知识
思维层	学习基本的思维方式、独立思考批判反思能力、创新思维

搭建好自己的知识结构，心中就好像有了大厦的建设蓝图。参加工作室的每一次学习、每一次活动都是在为我心目中的这座大厦添砖加瓦。对于像我这样处于成长迷茫期的老师来说，我很珍惜这一砖一瓦的获得。

1. 目标明确，步履坚定

工作室成立伊始，邀请了汕头市教育局教研室林荣秋主任给我们做题为"教师专业成长的基本路径"的精彩讲座。林主任的讲座更加坚定了我前进的方向。他指出教师成长路径经过教学跟随、教学模式、教学主张，最后形成自己的教学思想，它是一条需要付出不断努力的孜孜不倦的探索之路。只有不忘初心、夯实底板、补齐短板、打造模板、向上向善，才能做最好的自己，无愧自己的教育初心。

他的话字字珠玑，铿锵有力地落在我的心头。站在更高的平台上，我意识到自己所承担的责任。我不仅要提升自己的多种能力，还希望能"研修一人，带动一校，影响一片"。

2. 外出取经，开阔视野

走出去，看到更大的世界，自己的视野不受限于环境。东莞之行，我们得以近距离聆听程晓堂教授的讲座，还聆听了东莞市教研员张凝老师题为"小学英语绘本课程实施的有效途径——无师教学"的讲座，并与东莞的名师们进行深度课堂交流，触动我最深的是绘本教学的魅力。通过张凝老师的分析，我深刻体会到了绘本在培养孩子阅读习惯、阅读方法和阅读体验方面所具有的巨大优势。在绘本教学中，教师要根据学生个性的差异，因材施教。孩子的知识储备不一样，孩子们所需求的东西不同，教师要输入不同量的内容，分级教学，让各个层次的学生都能得到发展。张老师指出要根据各个学校学生和老师的能力对教材有补充，绘本阅读的目的在于增趣，提升学生能力，并且让学生养成持续阅读的习惯，至于要采用哪一套教材并不重要，只要真正在做，就是好事。

这次学习点燃了我对绘本教学兴趣的星星之火，也给了我一些关于开展绘本阅读教学的理论指导和实际操作示范。诚然，正如张老师所说，要开展绘本教学，困难重重，课时少，指导少，学生和老师的知识储备都比较少。但是，只要真正在做，就是好事。在自己的教学中，我也慢慢在做绘本阅读教学的尝试。首先，在我所在的学校，我先通过第二课堂进行绘本教学，积累经验。其次，在课内教学中，我也尝试融入绘本元素进行教学。2019年11月4日至11日，在工作室全体成员的跟岗研修中，我尝试上了一节语音结合绘本教学的研讨课，与工作室主持人和学员伙伴们进行绘本教学的深入探讨。在平时的教学中，我尝试融入绘本元素，这极大地激发了学生的学习兴趣。我根据课堂实践撰写的教学设计PEP Book 8 Unit 3 Where did you go? C Story time在"第十二届全国小学教学特色设计（教研论文）大赛"中，荣获一等奖，这是对我绘本教学这一小小的激情之火的肯定。我们只要走在路上，一定会遇到磕磕碰碰，有时也会走很多弯路，但我想如果不停下思考的脚步，经过一番努力，战胜一些困难，反复尝试与不断积累，总会有所收获，即使得到不多，也会心满意足。

3. 不忘初心，爱和智慧并行

2019年5月21日上午，陈磊老师在汕头市实验学校举行五年下册Unit 4 Where is the art show? B Read and write 的读写公开课。让我感受最深的是老师在启发学生思维和情感激发上所做的设计。

陈老师这节课所设立的情感主题为：Everyone will grow up. Do much more things and know more about the world. Growth makes life beautiful. 在观课中，我发现老师在学生进行完拓展阅读《莉莎的成长日记》后，显性化进行情感教育。陈老师对学生的情感渗透要做到水到渠成，润物细无声，就必须选择好《莉莎的成长日记》的内容做支撑，不但要考虑学生的知识水平，选取的内容还要引起学生的共鸣。学生能通过阅读《莉莎的成长日记》，触发相关的情感体验，明白生命虽然有挫折，但是很美好。

陈磊老师有关《莉莎的成长日记》文本的呈现是以精美的相册配以图片制作而成，而不是用三段没有温度、没有感情、冷冰冰的文本。这首先就让人感受到一个母亲对孩子满满的爱，孩子们看到这一精美的日记本，会想到妈妈对他们的爱，也许孩子们会在心里想：我也有这样一本妈妈给我做的相册。学生带着愉悦的心情进行阅读，内心也许会有对妈妈深深的爱和赞叹生命美妙的情愫。陈磊老师设计每个环节时都把学生装在心里，她的举手投足、一言一行都体现了她对学生深深的爱和广阔的教育情怀。学生在她的课上得到充分的安全感，思维活跃，情感体验深刻。

陈老师不但很了解孩子的心理，而且很了解老师们的心理，课后的讲座犹如一次心理咨询，解开了一线教师心中不少郁结。陈磊老师深入浅出地剖析了当前老师们的心理并给出了指导意见。

陈老师让老师们思考：教师带进课堂里的是什么？教师的价值取向决定了其会如何对待学生，是"以知识为本位"，一切成绩说了算，还是要更关注人的发展？一位关注学生发展的老师，她的眼神是柔和的，目光是慈爱的，她能宽容孩子所犯的错误，她具有同理心，能换位思考，她从不在孩子面前失控，她能控制好自己的情绪，这也体现了一个老师的修养。

教师应多关注学生的心理需求，满足他们渴望被认可、被尊重、被欣赏以及超越自我的需求，俯下身来，用同理心多听听孩子的心声，在行为背后多深究一下：他为什么要这样做？这样，我们会更了解孩子，在教育的道路上也会想到很多好点子，帮助孩子更好地成长，也帮助自己成为更好的自己。听陈老师的课如沐春风，清晰自然。听陈磊老师的讲座，我深深地被她的教育情怀和对人性的深刻了解所折服。

人的成长往往是一瞬间的事，某一时刻的顿悟就可能对你的整个人生产生很大的影响。学习名师的课，更重要的是要学习名师背后的理念和思维方式，并在实践中不断实践、总结和调整，融会贯通，形成自己的教学风格。

这让我更加深刻地意识到在英语教学中对学生德育的渗透的重要性，同时要多关注学生的心理需求和正确的世界观和价值观的形成。这是英语课程人文性的要求，也是落实新时代"立德树人"教育根本任务的要求。在日常教学活动中，时刻提醒自己要有育人意识，要采用科学合理的策略，要充分挖掘教材中的德育资源，利用好教学过程中的生成性资源。在德育渗透的过程中，要避免简单、空洞的说教，要结合学生的生活实际，结合英语教学过程，重在启发，获得他们的价值认同。德育渗透还要尽量做到向课外延伸，开展相应的体验活动，促进学生的品德提升和行为养成。

二、胸怀梦想，脚踏实地，实现多元性发展

1. 在交流和碰撞中认识自己

工作室给我们提供广阔的成长空间。在三年的学习中，我的心态逐渐成熟，因为输入是多元化的，所以精神更趋丰富。学习之后，个人的主观判断和感受有时会有些偏颇，不准确、不全面，通过与人分享与交流，这会让自己更全面、深刻地理解教育的本质。比如讲座后的交流分享，比如磨课、评课。有时自己设计的课会带有自己对理论知识的主观判断，通过磨课并采用开放、积极的心态，听取别人的意见，我能更清楚意图和效果是否有落差，并找到原因和方法。

2. 在复盘与反思中开悟

通过三年的研修和学习，我逐渐脱离像小松鼠囤积粮食，辛勤劳作，不断记录，将知识堆积如山的初学阶段。听了一场精彩的讲座，看了一节优质的名师课，进行了一次学习研讨后，主持人总会促使我们结合自己的实际情况去反思、去复盘，我们往往在这个过程中产生一些顿悟，那种顿悟的感觉让人精神一振，独立思考的能力渐渐有所提升，也为前进注入源源不断的动力。

3. 在练习和分享中提高

要做到知识的融会贯通，一定要进行刻意练习。跟岗学习、集中研修就是刻意练习。有目的的、专注的、及时获得反馈的刻意练习，可以指导我们用正确的方法去反思，跳出自己的舒适区，获得提升。

分享也是灵活运用学到的理论知识的一种有效方式。分享迫使自己去思考如何将所学所思所得串成一条线，并有条理地梳理自己的思想。有时候这种梳理是痛苦的，刚开始，我会觉得当时在学习的过程中有好几个点触动自己，听后的总体感觉很不错，但具体又说不出好在哪里，千言万语，不知从何说起。这时就应该沉下心来，慢慢梳理思绪，往往要经过好几天的思考之后，杂乱无章的思绪才会渐渐清晰起来，在某一刻就突然开悟，这时再花点时间，整理一下，思绪就顺畅了。

教而不研则浅，研而不教则空。我主动承担课题，在自己的教学实践中注重积累，争取做到"研修一人，影响一片，带动一校"。三年中，除了自身发展外，我还积极投身于金平区英语教研活动中，践行新课程的课堂教学

理念，从理论到实践，从思想到行动，在教学实践中不断总结经验和教训，提高认识，更新理念。

三、知行合一，团结合作，实现可持续性发展

1. 知行合一

在实际教育中，要一直保持"知行合一"的境界是不容易的。我们都知道教育要以学生为中心，要尊重学生的个性发展，因材施教，要有同理心，用爱启迪学生，用智慧实现学生的全面发展。宋代理学家程颢说过："知而不能行，只是知得浅"，虽然知道什么是好的，但认知太肤浅，肤浅的认识不足以转化为行动，如果没有切实的体会和感悟就无法真正理解。学生的学如此，教师的教亦如此。只有当学到的知识内化为个人品格的一部分，才能做到"知行合一"。这是我要追寻的最高境界。

工作室要求我们不断反思，回归教育的初心，把对教学活动的设计从感性认识上升到理性认识，然后再用理论反过来指导实践，在持续的实践中不断提升自己的教育教学水平，不断促进我们"知"和"行"的统一融合。

2. 团结合作

这三年间，我最大的收获之一是能遇到优秀的名家和同行，他们对教育事业充满热情，具有宏大格局，知识广博又专业精深，如程晓堂教授、张凝老师、林浩亮院长、田湘军老师、陈磊老师、郑扬眉老师，还有我们工作室的学员伙伴们。他们是一群成长路上可爱的伙伴，每个人身上都有独特的闪光点，从他们身上我学到了很多。

在个人所处的教育生态环境中，我努力做到与其他教师合作，共同分享资源，共同商讨问题解决办法，共同努力，从集体中汲取力量，增强工作动机；我与教育管理者合作，向管理者阐明自己的教育理念和工作计划，协商改革方案等，在交往合作中愉快地实现自我的成长；我与家长密切合作，争取各种社会力量的支持与合作，共同为学生的健康成长而努力。

3. 提升思维

思维品质是核心素养的四个维度之一，作为教师的我们不但要思考探寻培养学生优秀思维品质的方法和策略，还要想方设法提高自己的思维能力。陈磊老师一针见血地指出："课堂教学中活动的思维层次与教师的思维能力是密切相关的。"她时刻提醒我们要深究问题的关键，不要只停留在what层

面，还要多思考how和why。这一理念与美国著名营销顾问西蒙斯·涅克提出的黄金圈法则不谋而合。黄金圈由三个同心圆组成：最外层是what（是什么），即展现在我们面前的结果是什么，中间层是how（如何做），我们要思考怎样才能得到这个结果，要采取怎样的措施，运用什么样的方法才能得到这个结果，核心层是why（为什么），即做一件事情的目的是什么，是由怎样的理念支撑的。多运用这种鞭辟入里的思维方式，思维品质会得到很大提高，我们也能较清晰地看到教育现象背后的本质。

教育的道路是漫长而又复杂的，正如韩山师范学院林浩亮院长所说："当学校发展到一定程度，当教育改革进行到一定深度，当教师专业发展达到一定高度后，决定一所学校、一门课程、一位教师的发展速度和质量的往往不是教师的专业知识，而是教育理念，包括怎样把这种教育理念以及教师本身的人格特征通过学科教学去呈现出来，并且影响其他教师以及所教的学生。"这也是指引未来前进方向的明灯，我要把三年在工作室学到的先进教育理念、塑造的人格特点和形成的教学风格不断锤炼完善，在课堂实践中落地，影响所教的学生和其他教师。

路漫漫其修远兮，三年的工作室学习不是结束，而是另一个征程的开始，我将带着从工作室学到的教育理念、专业知识、思维方式等满满收获，在未来的教育之路上砥砺前行。感恩工作室的培养！感恩学员伙伴们的同修！感恩成长路上遇到的每一位贵人！

带着希望相聚，带着收获分别

汕头市龙湖区绿茵小学　林祥鹏

2018年的冬天是一个有温度的冬天，是一个难忘的冬天。在这个冬天里，我有幸加入了广东省陈磊名师工作室，成为其中的一员，在主持人陈磊老师的带领下，与工作室其他学员开始了为期三年的学习。回顾这三年的学习，无论是在理论水平上还是在教学技能上，我都有很大的收获，这都得益于主持人的精心组织与工作室成员间的无私分享。转眼间，三年的学习即将结束，我将这三年的学习进行一个总结回顾。我们的学习可以分为：集中研修、跟岗研修、专家引领三大模块。下面，我将围绕这三大模块进行总结回顾。

一、集中研修，开拓教学的思路

为了进一步提升广东省陈磊名师工作室入室学员们的教学质量及管理水平，帮助学员提高理论水平，创新教学模式、教育方法，树立教学风格，2018年12月5日至12月8日，我们踏上了赴潮州的学习之旅，在韩山师范学院参加2018年名教师、名校（园）长工作室入室学员集中研修。本次研修培训课程涵盖面很广，有师德和专业理念，有教育科研理论和方法，有信息技术与教育教学结合思维等。这次集中研修学习为学员老师们打开了一扇新的思维之门。

培训的第一天，华东师范大学杜龙辉教授开设了"技术改变教学——见微知著"和"微课程媒体策略与设计艺术"专题讲座。杜教授幽默诙谐的语言，让我们在一个轻松愉快的学习氛围中收获了满满的"干货"。

杜教授展示了新时代微课程的变化与发展，并通过一系列实例向我们讲述了如何制作一节微课。杜教授从选题、制作手法、软件介绍等方面，全方位地向我们展示了如何制作微课，以及如何让我们的微课更加精美、有活力。例如，在导入方面，教师可以通过小故事、歌曲等导入；教师的讲解语言要平实易懂，还要懂得提炼，抓关键。在课件制作方面，杜教授向我们展示了如何让我们的PPT更加合理、精美，让我们的point更加有power！

培训的第二天，我们分别参加了由韩山师范学院陈洵老师主讲的题为"尽心尽力 做幸福的好教师——基于师德的角度"和教师专业发展中心的杜德栋主任主讲的题为"新时代教师职业道德及其修炼"的讲座。

陈老师向我们阐述了如何从师德规范出发，用心尽力地做幸福教师：一是要有帮助学生成长的内在愿望；二是要有帮助学生成长的现实能力，做被学生需要的人。接着，陈老师又推荐了提升教师职业能力的方法：坚持专业阅读、坚持专业写作。杜教授的讲座围绕师德规范要求分析了何为师德，倡导教师要做学生的引路人。作为新时代的教师，我们应当结合专业及师德进行教育教学规划，明确前进的方向，成就更美好的自己。

第三天的培训是由潮州市教育局教研室柯秀红老师主讲"教师专业成长的有效途径"和揭东区第二中学林旭老师主讲"谈家长阅读与家庭教育"的讲座。在第一场讲座中，柯老师结合自己丰富的一线教学经验和经历，与现场学员进行互动活动。在交流中，柯老师没有太多的高深理论，而是用自身的真情实意感染着每一位学员。

短短几天的学习虽然不是专业课程的学习，但从一个全新的角度让我们学习到如何完善自己的专业技能，让我们从技能、师德、理论等方面都得以提升。

二、跟岗研修，碰撞心灵的火花

在工作室三年的学习中，每一年都有跟岗学习的环节，这也是每年的一个"重头戏"，工作室主持人和入室学员们团聚在一起，围绕着若干个主题，开展深层次的讨论，每个人畅所欲言，将自己的所思所惑都说出来，然后大家集思广益，解决问题。犹记得2019年的跟岗研修，在主持人的精心策划下，工作室的每位入室学员都精心设计了一节研讨课。在跟岗学习开始的时候，主持人要求每位学员每天都必须带着一个观察点进入课堂观课，课后围绕着自己的观察点分享心得，并带领学员做深入剖析。在这次活动中，我的观察点是教学目标的设定和培养学生的学习能力。通过观课、议课，我从主持人与其他学员老师的分享中擦出了思维的火花，形成了以下观课报告：

（一）教学目标设定的观察与学习

在观察每节课之前，我们都会认真研读授课教师的教学内容及教学设计，然后带着自己的观察点走进课堂。从两位教师的教学设计中，我们可以明显感受到她们在教学目标设定上的不同，李佩珊老师基于核心素养的理念来确定教学目标的设定，包括：语言能力、思维品质、文化品格和学习能力。程晓堂教授认为：用英语进行理解和表达的过程不仅有利于学生培养通用思维能力（如识别、理解、推断），而且有利于学生逐步形成英语使用者（不一定是英语本族语者）独有或擅长的思维方式和思维能力。陈升苗老师是基于新课标理念下的培养学生综合语言能力运用出发的，具体到知识目标、技能目标和情感态度与价值观目标这三维目标进行设定。

（二）培养学生学习能力的观察

在这两节课上，老师们都能够根据学情紧紧围绕教学目标开展教学，恰当运用教学媒体辅助教学，引起学生的注意，开启学生的思维，培养学生解决问题的能力，让学生能够明确表达自己的观点。

在李佩珊老师的课中，她通过Sharp eyes的游戏复习已学的短语，通过剪影、遮挡、听声音等形式呈现新词，并运用phonics教学方法。在教学Draw cartoons时，老师让同桌之间讨论如何分音节读出这两个词，激活学生已有的语音知识，由旧知迁移到新识，不断培养学生的语音意识。老师通过About me和About you两个环节，激发学生运用已学的句型进行提问，让学生熟悉和初步模仿新句型What can you do？I can...促进学生思考。在About me环节，老师通过PPT以思维导图的形式展示了六个信息点，引导学生快速解决问题。在About you环节，老师通过学校"展示活动"呈现活动图片并进行介绍，整体感知，输入语言知识。通过老师的图片，学生能够顺利向What can he/she/they do？进行知识迁移，达到举一反三的效果。

在陈升苗老师的课中，她以一个学生的爱好作为主线，情境引入教学新词。在老师的引导下，学生不仅学习了课文中的词汇，还拓展了play、do、read引导的短语。老师还设置了Lucky eggs的游戏，这能够引起学生的兴趣，学生的参与度很高。

（三）专家引领，开阔理论的视野

在工作室三年的学习中，主持人陈磊老师精心地策划了多场专家讲座，形式多样，既有线上的，又有线下的，这让我们开阔了理论的视野。在这里，我不能一一列举，但其中有几个讲座让我印象深刻。

1. 郑扬眉老师的"ABC for Vocabulary Teaching"

郑老师的讲座内容丰富且贴近教学一线，理论联系实际，引发了我很多的思考。下面，我将结合日常的教学分两点谈谈我的感受。

（1）在词汇教学中使用思维导图，活化学生思维

我们都知道，思维导图进入课堂已经不是什么新鲜的事了。在日常的教学中，我也会使用思维导图，但更多的是帮助学生总结知识，使用者仍然是老师，学生只是思维导图的"看客"。但是在郑老师的讲座中，她所设计的却是让学生实实际际地参与到思维导图的设计中，用思维导图激发学生的思维，通过一个单词作为引导，引发学生的创造性思维。以单词apple为例，我们很难想象，用一个单词如何制作一个思维导图呢？但是在郑老师的设计中，通过apple这个单词，她可以让学生进行联想，如：苹果的颜色、你对苹果的感受、与苹果相关的句子等。那么，在我的教学中，我也可以进行这样的尝试，如在教授单词summer时，我可以让学生用思维导图记录夏天的天气、夏天的活动、夏天的水果……，也可以尝试让学生继续思考"夏天"给了他们什么样的联想，并将这些记录下来。这样，学生不仅掌握了一个单词，还实现了新旧知识的联系。

（2）让抄写不再枯燥，让单词不再难记

郑老师的讲座引发我的第二个思考是：如何让抄写变得有效？在我们的教学中，我们或多或少地会让学生抄写单词。我也曾经与学生交流过，很多学生表示抄写单词并不能让他们有效地记住单词，更多的只是为了完成作业。试想一下，在这种"应付"作业的情况下，抄写还有意义吗？但是在郑老师的讲座中，她巧妙地将单词的抄写融入语篇中、游戏中，这样一来，学生就不再是一味无须动脑地抄写单词了。学生必须阅读，才能找到正确的答案，并写出正确的单词，这就给了学生一定的挑战性，也让抄写有了一定的趣味性，既让单词有了生命，又让抄写有了趣味，何乐而不为？

2. 张凝老师的"小学英语绘本课程实施的有效途径——无师教学"

2019年4月22日，我们在东莞市南城区阳光中心小学聆听了东莞市教研员张凝老师的关于绘本教学的专题讲座。讲座上，张凝老师犀利的语言、张扬的个性让我受益匪浅。下面是我在张凝老师讲座上的一点儿感受。

（1）尊重原理性知识，给学生正确的引领

讲座之初，张凝老师通过一个实例告诉我们："如果要教给学生关于原理性的知识，作为老师的我们一定要将这个知识弄懂、弄透，否则将会给学生带来不可预计的危害。"对于这点，我深表赞成。在我们的课堂上，要想让学生掌握某个知识点，我们都应该在课前做好充分的准备，对这个知识点进行深入的研究，掌握其原理，这样才不会误导学生。哪怕这个知识点再小，只要我们没有把握、没有弄懂，一定不能轻易地向学生讲述。

（2）在阅读中培养学生的学科核心素养

讲座上，虽然张凝老师所讲的东西都与绘本相关，但究其根本都是通过绘本培养学生的语言能力、思维品质、文化意识和学习能力。虽然绘本离我们的日常教学还有一定的距离，但是道理是相通的。在日常教学中，我也非常注重在阅读中让学生学习语言，在表达中逐步培养学生的思维能力，努力让学生在文本中接触不同国家的文化内涵，并通过学习文本，使学生学到一定的学习方法。张凝老师通过绘本教学，使学生的学习兴趣更高，接触到的知识面各为广阔，使学生的眼界更加开阔，这些都是我努力的方向。

（3）改变教学思维，让学生爱上阅读

讲座中，张凝老师提出了一个"改变途径，改变方法，让学生能读、会读、爱读、懂读"的观点。这个观点给了我很大的启发，张凝老师不仅将阅读实施于课内，而且延伸到课外，让学生时时刻刻浸润于英语阅读中，将绘本简单、易懂、趣味的特点发挥到极致。试想一下，在这样的"攻势"下，学生怎能不爱上阅读呢？我的教学中虽然没有这样的资源，无法做到像张凝老师那样无时无刻地"发动攻势"，但我想我可以尝试着更深一层地挖掘现在教材中一些有趣的东西（例如有趣的故事），或者是有思想性的文本，让学生思考，并在思考中挑战自己，这或许能够让学生对英语更感兴趣。同时，讲座上，张凝老师还向我们介绍了一些实用性强的绘本，这些我都可以尝试去使用。

（4）无师课堂，让学生爱上阅读

讲座上，张凝老师还提出一个"无师课堂"的教学模式，其宗旨在于培养学生的理解能力，提升学生的学习能力，塑造学生的学习品格，培养学生的个性发展。无师，并非没有老师，在我的理解中，应该是通过老师有目的的训练，学生掌握了一定的学习方法，养成了一定的学习能力，知道如何去解读文本、理解语言，并能通过自读文本，发表自己的观点，达到自学的目标。这样的课堂真正体现了"以学生为主体，以教师为主导"的教学理念，值得我们去尝试。虽然我们没有那么丰富的教学资源，但是我们可以以现有教材为依托，可以根据教材中阅读的部分设置一个体系性的任务单，并将它长期执行下去，我想学生的自学能力可以得到提高。

3. 林浩亮副院长的"解密学校文化——漫谈学校文化及其育人功能"线上专题讲座

在林浩亮教授的讲座中，他将学校文化的功能归纳为四个关键词，分别是：导向、约束、凝聚、激励。我觉得大至学校文化，小到课堂建设，都离不开这四个关键词。

第一，在学校的文化建设中，导向是第一位的，因为学校文化是指引全校教师、学生思想的方向，是大家行为的准则。就教学来说，我们也需要导向，它可以影响学生的思维方式、学习方法以及学习效率。因此，在教学中，我们要注重对学生思维方式、学习方法的指导，从而提高学生的学习效率。

第二，约束是学校文化导向功能的标准。因为有了导向，所以大家都在朝着相同的方向行进，在这个过程当中，学校的文化就约束了个别与导向相违背的行为，维护学校文化的正常推进。在我们的教学中，根据我们的学科特点，学校文化也是有一定约束性的，它指引着我们学科教学的正常开展。

第三，凝聚是学校文化的一个指标。一个学校因为学校文化，而让人心凝聚，同样，在我们的英语教学中，也因为学科交际的特点而让学生喜欢上这门学科，从而使学生凝聚在英语学习中，这也是文化的体现。

第四，激励是学校文化的重要功能。学校文化的激励功能，让全体师生喜欢上这所学校，而在英语教学中，因为激励的存在，从而让学生喜欢上这门学科，保持学习的热度，这也是学科文化的体现。

通过聆听林教授的讲座，在今后的教学中，我将根据自己的实际情况，结合自身存在的不足，加强教学中"激励"的使用，让学科文化渗透于教学中，让学生更加喜欢英语课堂，提高学生学习的效率。

三年的工作室学习看似漫长，然而，我们沉浸其中时却觉得时间是如此短暂。通过三年的学习，我在教学技能与理论认识方面上了一个台阶，自己的教育生态更加完善。这是幸福的三年、快乐的三年！在这里，感谢主持人的精心组织，感谢工作室助手们的无私奉献，感谢工作室学员们的无私分享。愿我们正如工作室的口号那般："Go alone, faster. Go together, further！"

心之所向，信望为伴

汕头市金砂小学　王　馥

时光如白驹过隙，转眼间，我加入"广东省陈磊名师工作室"已经第三个年头了。回想起2018年7月，我有幸成为这个团队中的一员时，是忐忑与欣喜的，那一年是我从教的第20个年头，也是我职业的倦怠期和瓶颈期。能碰到陈磊老师，对我来说是幸运的，她是我职业生涯中的贵人，也是一名真正的"人师"。这个工作室洋溢着满满的正能量，我在这里结识了一群有干劲、有智慧、有追求的小伙伴。在陈老师的带领下，工作室的培训活动、研修活动、同行交流活动一次次点燃了我内心深处的教育执念。

一、打造个性化的自身，融入专业化的团队

记得刚进入工作室，陈老师在第一场培训中就告诉我们，她不想打造出一队多胞胎，我们每一名入室成员都有着鲜明的特点，她会在每一场研修中力争打造出属于我们个人的特色，让每个人都能在团队中绽放异彩。听过陈老师课的人都知道，在这个浮躁的环境中，她的眼睛总是能在上课铃声响起的那一瞬间灵动无比，似乎每个孩子都在她的眼中。记得2018年我参加区青年教师教学技能比赛前，一节复习课备来备去总觉得缺了什么，总是觉得环节之间受到掣肘，当时的我感觉被抽空了，我向陈老师求助，期望她能给我支招，却不想陈老师听完我的思路后直接就告诉我，你换个角度，你作为学生，把你刚刚的备课思路、内容设计说一遍给自己听，然后你想想如果老师这个课这样上，你觉得缺什么？比如猜一猜的环节，用"剪影"图会不会很新鲜？能吸引你吗？作为复习课，拓展的环节为什么不大胆放开？你不放开，学生的思维会不会被你禁锢了？陈老师一言惊醒了我这个梦中人，这两个点

正是我寻求不到的突破点呀！明明有了充足的支架，备课时放不开，反而把学生给禁锢了，那么我们怎么能让学生的思维有所发展呢？

在工作室期间，不管是参加技能比赛的备课还是跟岗研修的汇报课，我都能深切地感受到我们工作室"Go alone，faster. Go together，further."独行快，众行远的理念。从主持人的身上，我们看到了什么是名师的人格魅力，她用自己多年在教育一线积累的经验指导我们、启发我们，最大限度地激发我们的个人潜能。私底下，我们都会悄悄地说每一次在工作室的交流汇报就是一次头脑风暴，这让我深刻地体会到"学然后知不足"。很多时候，我们培训学习总是出现"现场激动，能碰撞出很多想法，回来后却有各种理由搁置想法"的情况，出现"思想上的巨人，行动上的矮子"这种常态。陈老师从来不给我们偷懒的机会，我们每一次的研修心得都是以连载的方式放在工作室的公众号和网页上，每一篇都有属于个人的风格。

二、基于信与望的成长

进入工作室以后，我努力以名师工作室成员的标准严格要求自己，以陈老师为自己学习的榜样，践行着陈磊老师的"信，望，爱"为一切教育教学活动的基础，勇于创新，尊重每一个学生的个体差异，让每个学生都能在课堂中发光发亮。

记得去年五一后，我被临时抽调去接手一个毕业班，实话说这个班的孩子成绩都不错，可是他们在我进教室的第一节课就明确地告知我，他们不喜欢上英语课，但是让我别担心，他们的成绩不差。我当时就笑了，我对他们说既然不喜欢上英语课，那就不上英语吧，我们上个思品课。他们一个个瞪大了眼睛看着我。思品课？一个胆子大点儿的孩子冲口就说："你是想抢我们班主任的饭碗？"说完他就低下了头，生怕我认出他来。我只好假装不知道谁说的，然后自顾自地说："其实我也当过班主任的，好吗？我只是不做大姐好多年了。"哈哈哈……他们忍不住笑了出来。其实接班的时候班主任就告诉我，孩子们的成绩不错，只是有些孩子比较懒，不怎么喜欢写作业，所以他们不太喜欢英语的根源其实在写作业。作为非母语的学科，靠写去强化记忆不是不可以，只是对于小学生来说，兴趣大于结果，如果本末倒置了，久而久之孩子失去兴趣，自然就没有了学习的动力。教育不是单向输入，而多方引导，深入地挖掘学生最大的潜能，这才能促使我们的教育教学活动生生不息地延续下去。

于是，我本着陈老师"信、望、爱"的理念，做出了"断、舍、离"的教学方案。我等孩子们笑完，对他们说，剩下的6个星期我的要求只有三点：

（1）断了机械抄写这项作业。

（2）舍得每天十五分钟的大声朗读

（3）离开作文例文的抄写背诵和默写。

我相信减少抄写作业，自觉大声朗读，他们是可以做到的。我说完后他们就开始窃窃私语，我直接就喊了暂停，有问题下课交流，我们开始上课，进入总复习阶段的第一课时。看着他们纷纷坐直的身体，我感受到了他们的信任与期望。对于这些正在步入青春叛逆期的孩子，不要多说废话，要敢于信任他们。时间就这么一晃而过，全班百分之八十的孩子都能做到"断、舍、离"这三点要求，小部分学生的成绩不仅没有退步，还提升了。毕业考试以后他们告诉我，因为我的信任，他们反而不敢松懈，都在暗地里下功夫，少了抄写的内容，他们终于可以整理自己的错题本，整理自己的笔记，甚至在写英语练习时会去想会不会有一题多解，还会想我会怎么去考查他们有没有回家复习。他们没有想到我会信任他们，放手给他们去尝试。其实他们不知道的是，跟随名师学习的我，也是在我的导师的信任中感受着一份期待。

三、汲取当下素材，爱生活懂教育

进入工作室以后，随着各项活动的展开，我和小伙伴们都发现，美的教学、爱的教育都来源于生活。陈老师会带着我们去领略生活中的美好，分享她在课堂中融入的生活元素，汲取身边的各种素材。2020年初，突发的新冠疫情就是一本现成的教材。死生事大，疫情期间，经历其中，感悟生命有关的"生命教育"无疑是最重要的。"生命因独特而弥足珍贵；生命因自主而积极发展；生命因超越而幸福完整；生命因你我而温暖灿烂。"所谓"生命教育"，就是对以人为本的教育理念的体现与深化，它能引导学生体验人与自然、社会、他人以及自我的关系。生命教育既是一切教育的前提，又是生态化教育的最高追求。伟大的教育家苏霍姆林斯基说过："请你记住，你不仅是自己学科的教员，而且是学生的教育者、生活的导师和道德的引路人。"当我们的学生在屏幕中看到八十多岁的钟南山爷爷登上了开往武汉的列车，看着除夕夜临危授命的医生护士，看着新闻报道中的一波波"逆行者"时，他们的心中涌动的是对英雄的敬仰。在孩子们交上来的一份份英文抗疫作品中，出现得最多的字眼是"hero、doctor、nurse 和 thank you"，这几个简单的字眼表达出了他们对职业的尊重，对守卫他们平安的逆行者们的感激之情，这就是我们对教育生态化最为贴切的展示。本应开学的日子我们未能如期相会，却在云端共享了我们抗疫居家制作的作品，这不是老师单向的灌输，而是利用我们共同经历的空间和时间平等地参与并展开多维度的沟通。我们的教学活动透过云端发出，信息点之间碰撞出火花交汇、融合、延伸、流动，从而内化到每一个个体上。未来已来，把学生这一个体当"人"，最大限度地引导他们"成人"，这才是生态教育的本质，也是教育的新样态。

虽然三年的时光一晃而过，但是每每到了需要回顾以往和阶段小结的时候，我的心中总是盈满了无尽的思考和憧憬。走出了事业上的瓶颈期，我也看到了自己与小伙伴们的差距，没有沉下心思阅读，静下心写随笔，有善于发现问题的眼睛，却没有及时记录，坚持积累的做法。我想要从一名"教书匠"蜕变为人师，路漫漫其修远兮。

学习　领悟　进步

汕头市陇头小学　林艳星

　　转眼间，我加入广东省陈磊名师工作室已有三年的时间。在这三年的时间里，我们跟随着陈老师的脚步，去揭阳、广州、东莞等地，与各地名师进行切磋、交流。通过一次次的活动，我的教学方向越来越明朗。我对自己的教学做出如下改进：

一、关注教学的适切性

　　为了能够充分发挥学生的主体性、积极性，在备课过程中，我们要结合各种背景因素，如：区域、学校条件、学生知识储备等，来制订适合学生的教学目标和设计适合学生的活动等。

　　相同的课，面对班上不同的学生我会进行不一样的处理。在教授PEP Book 6 Unit 4 When is Easter? B Read and write时，为了提高学生们的写作能力，我在拓展环节设计了"小练笔"的活动，但考虑到我们班学生知识储备水平的不同，我设计了两个任务供学生进行选择。任务一：结合图片和教师给出的句型、短语，续写小猫的成长日记，该任务适合基础较差的学生，有前面课文几则日记和教师提供的支架进行参考，他们完成这项任务的信心大增，语言能力也得到了锻炼；任务二：结合图片和关键词，描写向日葵的成长过程，该任务与课文主题相同，但要描述的内容又有别于课文，学生不能完全用课文的句型进行描写，需要进行一定的创造，具有一定的挑战性，适合基础较好、思维较活跃的学生。

二、关注教学的真实性

英语是一门语言，语言的功能是交流，在真实的情境中呈现语言能让语言比较直观、形象，有利于学生理解所学语言的真实意义。在进行教学时，我们喜欢通过创设情境来引出语言，但是我们所创设的这些情境往往是最缺乏真实性的，例如：在教授与食物相关的主题时，有的教师喜欢用："I am so hungry. Let's go to the restaurant."来进行引入，不管是不是刚吃完饭。

其实，要使课堂的交流具有真实性，我们可以借助各种素材，图片就是其中之一。同样是教授与食物相关的主题，我在课件上展示自己在餐厅吃饭的照片，并告诉学生："I like eating good food. What do I like? Can you guess?"然后让学生结合图片的内容进行猜测，引出相关单词。在学生进行猜测的过程中，教师也可以适时反问："What about you? Do you like...? Why?"这样围绕图片展开讨论，更具有真实性，也更能提高学生的学习动机和学习兴趣。

三、关注教学的思维性

培养学生的思维品质是英语核心素养的四个维度之一，有利于学生尽快掌握和使用语言。在教学中，我主要从以下几个方面来培养学生的思维品质：

1. 通过提问培养学生的思维品质

精彩的提问能引发学生思考，能开启学生智慧的大门。教师在设计问题时要注意问题的"梯度"，把学生的思维从低阶一步步引向高阶。在教授PEP Book 6 Unit 4 When is Easter? B Read and write时，陈老师设计了这样的问题让学生进行阅读填空：The kitten can _____ now. They can _____ with Robin. 通过阅读文本，学生很快找到两个空的答案：walk和play。紧接着陈老师继续提问："Can we exchange 'walk' and 'play'?"听到这个提问时，学生一开始有点儿反应不过来，但经过一会儿的思考，就有学生回答："No, because they can't walk before play."听到学生的回答，陈老师立刻补充："Yes, because we don't grow like that."在下一个环节中，陈老师要求学生将日期和文本进行匹配，在进行完简单的答案校对后，陈老师提问："Can we exchange the dates of the third diary and the fourth diary?"这一次，学生很快就回答："No, because they can't walk before see."很明显，通过刚刚第一次的提问，学生已经懂得了生物成长过程的顺序，而且思维也有所提升。

2. 培养学生的猜测思维品质

在英语教学中，教师可以充分利用教材的配图，让学生对文本内容进行思考、猜测，同时让学生带着疑问在学习过程中验证自己的预测是否正确，以培养学生的推断思维品质，也提高学生的表达能力。在教授PEP Book 7 Unit 4 I have a pen pal A Let's try环节时，我先让学生观察本单元主情境插图，让学生猜测：What are Zhang Peng and Oliver talking about? 学生们看着图片进行了各种有趣的猜测，在猜测的过程中有的学生提到了friend，这为接下来的听力活动提供了一个重要的信息！又例如，在开始Let's talk的学习前，我先让学生们观看Peter，并提问：What do you see in the picture? Can you say something about Peter? 在学生进行了一番头脑风暴后，我继续引导学生：Let's know more about Peter. 进而自然地进入对话教学。

3. 培养学生提问的思维品质

在很多课堂中，教师提问、学生回答的模式居多，但有时把提问的机会交给学生，更加能够调动学生学习的积极性，充分发挥学生的主体性，促进学生思维能力的发展。例如：在教授PEP Book 7 Unit 4 I have a pen pal A Let's talk时，为了消除师生间的陌生感，并让学生初步感知"朋友"这一话题，我鼓励学生通过提示词对我进行提问，了解关于我的情况。

四、改进方向

在这三年的学习里，通过跟各位前辈们的互相交流，我深深地意识到自己在教学理论方面的匮乏，对于这方面的知识我还停留在比较表层的阶段，常常不能准确地表达出自己的想法；另外，我平时也较少进行反思，没有养成做教学札记的好习惯，这导致一些想法没有及时得到记录更新。总之，在今后的工作学习中，我会严格要求自己，多研读教学教案、论文，多学习，多反思，多动笔，多请教，做一名全面发展的教师。

且行且思，奔心之所向

汕头市金平区私立广厦学校　辛燕舒

时间如梭，回顾加入广东省陈磊名师工作室的时光，我们一起跟随工作室主持人陈磊老师，坚持着"Go alone，faster. Go together，further."的信念，怀抱着初心，不懈地努力和坚定地前行。这里是心开始奔跑的地方。在这里，我确立了教育职业生涯规划的小目标；在这里，我开始了更切实的教师成长方向和途径的追求；在这里，我期望自己能从传统的传道、授业、解惑走向以学生为中心的教学模式；在这里，我期待着能再次回首教育初心，在沉淀中提升自我。

一、专家学者引领，明确奔跑的方向

在工作室主持人陈磊老师的带领下，我与工作室的小伙伴们共同聆听和学习不同专家的讲座，有幸得到专家的引领和指导，名师的智慧启迪。每一次活动后，我都会与工作室其他成员进行探讨和交流，主持人陈老师总是能够在关键时刻指点迷津，帮助我们梳理存在疑惑的新理念和思路，激发我们思考和实践的冲动。

2018年9月17日至9月20日，全体工作室成员赴广州参加广东省义务教育英语适切教研研讨活动。主办方特别邀请了英国教育学、教师教育领域的国际专家Angi Malderez博士为我们进行"Being a Researcher in Guangdong：the 'Teaching Teachers' role"的专题讲座。通过学习和交流，我对适切教研有了全新的认识，明确了接下来的教研方向。同年12月9日下午，工作室主持人陈磊老师在汕头市新乡小学给大家做题为"英语生态课堂之情绪管理"的讲座，从心理学的角度进行详细阐述，这使我明白了情绪管理对于生态课堂所起的重要作用。12月11日，中学英语高级教师、广东省南粤优秀教师、广东省普通高中教师职务培训英语学科专家郑扬眉老师带来精彩的讲座：ABC of Vocabulary Teaching。郑老师主要围绕以下三大方面：Look at some theories、Basic concepts、Choices of application，结合教学实例，生动地阐述词汇教学的有效策略，启发我们把教学变得更有趣、有效。

在讲座分享中，有那么多的瞬间，我感觉到原来自己的那些理论和想法都不算什么。所有教学理论的学习都是为了更好地进行教与学。教师只有不断地学习新理念、新思路，教学策略才能不断创新。课堂教学其实是对儿童心理的研究，要学会换位思考，站在学习者的角度去理解、去设计，引导他们思考。只有不带任何目的的Noticing，才能真切地观察到学生真正的需求是什么。当我们观察到学生的需要是什么的时候，Teaching is supporting.经历一年的头脑风暴旅程，我仍意犹未尽……

2019年，新的学习征程再次开启，工作室成员们跟随主持人陈磊老师的步伐。同年3月29日，全国知名教师、顺德区小学英语教研员田湘军老师莅临红领巾实验学校，开展关于课堂教学设计的讲座。同年4月18日至21日，工作室与广东省陈贵妹名师工作室联手赴东莞，与东莞市戴宏帮名师工作室开展交流学习，共同研修。在前两天的活动中，我们观摩并学习来自东莞的名师们——董剑老师、黄桂英老师、欧阳玉芬老师、李秀容老师展示的四节真实优秀的课例。随后，北京师范大学外文学院院长程晓堂教授开展讲座"英语教学与思维发展的融合"。东莞市教育局教研室张凝老师开展了一场耳目一新的专题讲座"小学英语绘本课程实施的有效途径——无师教学"。同年5月21日，工作室主持人陈磊老师参加了汕头市教育局主办的"名师大课堂"系列活动第九讲，并担任主讲。陈磊老师亲自展示一节阅读课并围绕"从情感维度入手，推动小学英语核心素养的培养"专题开展了讲座。11月9日，韩山师范学院外国语学院副院长张丽彩教授莅临汕头市新乡小学，为我们开展了一场充满文化气息的专题讲座——"英语学科核心素养视角下学生文化意识的培养"。

基于核心素养目标的大背景，越来越多的教师认识到思维发展、情感维度、文化意识等方面能力培养的重要性。我们难得有这样的机会现场聆听大师们对这些新理念的诠释，在这里，教学中的一切疑问似乎都得到了解答。在平时的备课和教学中，我的内心总有一种遗憾，课堂似乎少了一种本该追寻的东西却又无从说起，也无奈该从何下手进行调整。作为一名小学英语教师，我越来越意识到教学不应该只是知识的传授，这个阶段孩子们习得的知识容量比起他们后期的学习阶段是微不足道的。我们应该建立正确的理念，利用课堂教学的平台，为孩子们未来的学习能力奠定基础，从情感、思维、文化意识等方面进行培养，学生运用习得的学习能力去学习知识，提高学习效率，成为学习真正的小主人。

二、送教下乡促成长，立足奔跑的起点

2018年11月23日，作为工作室入室学员之一，在工作室全体成员的支持和陪伴下，我赴龙湖区外砂镇龙头小学展开送教下乡公开课活动，异地教学了PEP五年级Unit 4 What can you do？B Let's learn词汇课。本次展示课经历了一个多月的备课、磨课、试讲准备，先后进行了五次教学设计的修改。在不断的调整中，我的设计思路和理念也在悄悄转变。感恩在备课、磨课的过程中，工作室主持人陈磊老师耐心细致地帮我进行教学设计分析和点评，指出我在备课中忽视的两个方面：1.未能从学生的角度思考问题；2.忽视了学生思维能力的培养。教学源于理念，陈老师恰到好处的点拨和鼓励给予我重新备课的动力和信心，也帮助我从着重分析教材、备教材的角度逐步转变为分析学情、备学生。我在转变中有所收获，有所启迪。

1. 备好一节课

从学生的角度出发，在分析教材之前先分析学生，一切的教学设计，包括主线、意图、教学活动、评价等是否贴近学生的实际，设计好的教学方案是否能走入学生的内心，真正启发学生的思维。

2. 磨好一节课

分析教材，分析学情，磨课的关键是课堂活动是否符合学生的认知，从学习兴趣、动机、思维等方面促进、培养学生的学习能力。课堂教学要给予学生足够的思考和表达的时间，教师是引导，学生是主体，促进课堂学习真实发生。

3. 上好一节课

把握好课堂的节奏和调控，注重与学生的情感交流，试着走入学生的内心，了解学生真正需要的是什么。从客观的角度帮助学生答疑解惑，习得所学知识，提升能力。

课后，我进行课例设计思路和反思汇报，同时工作室成员：方玉华老师、李佩珊老师、卢省吾老师分别做了课后评析。最后，工作室主持人陈磊老师围绕本次异地教学交流课活动进行了总结。本次活动使我在交流与悟课中得到进步，老师们的点评使我更清晰自己要继续保持以及努力调整的方面。

三、跟岗研修促前行，积淀奔跑的力量

2019年11月4日至11日，工作室全体成员齐聚汕头市新乡小学，开展年度跟岗研修活动，以课堂观察为切入点，结合自身思考课堂生态中需要迫切了解和研究的方面。我的观察点是：课堂中学生思维能力的培养。在此次跟岗活动中，我执教的是LWTE 1A Chapter 4 My Pencil Case Part C故事阅读课，整体的教学设计思路是通过阅读策略的引导启发学生的思维发展。本次跟岗活动采取互听互评的方式，工作室小伙伴们的教研热情一下子被调动起来了。在老师们课后的点评和展示课中，我从多个角度进行自我和他人在思维培养方面教学的观察，不得不感叹和佩服优秀同行老师们的教学能力。一次次的心得体会和反思终将在我成长的道路上留下印记。一个步伐，一次沉淀，我希望自己能够积淀足够的力量，朝着梦想的轨道自信奔跑。

每一次总结，都是为了更好地前行。感恩陈磊名师工作室给予的学习平台，感谢一群有思想、有活力的志同道合教师团队的陪伴。正如教育家梅贻琦说的："你看到什么，听到什么，做什么，和谁在一起，有一种从心灵深处满溢出来的不懊悔、不羞耻的平和和喜悦。"吸引我的是在奔跑的过程中，与一群志同道合的人——不断思考奋进的伙伴们，满怀初心，全力以赴奔跑，这就是最有意义的事。

第三章

工作室教学论文

善听　善捕　善推，
构建生态学习环境育桃李

汕头市新乡小学　陈磊

　　立德树人，培养具备适应终身发展和社会发展需要的必备品格和关键能力的社会主义建设者和接班人，是党和国家对我们教育工作者提出的要求，也是我始终如一坚持执行的教育理念。

　　从本质上来说，教育是人类生存的需要，接受教育是孩子的本能。那么在普通的一线小学英语教学中，如何培养具有独立思考能力的、能够适应未来工作需要的、能够进行终身学习的合格的公民呢？语言是人类思维进化的产物，是人类文化的载体，是人类交流的必备媒介。作为老师，在教学第二语言时，我们要将学生的创造力诱发出来，将学生的生命感、使命感、价值感唤醒，成就更好的学生。王蔷教授说过："语言能力是学科基础，文化品格是价值取向，思维品质是心智特征，学习能力是发展条件。这四个部分缺一不可，相互融合，是密不可分的整体。"四川省教育科学研究所教研员付春敏老师提出："核心素养形成的路径分为四个层次：一是认知，知晓应该做什么；二是能力，明确能够做什么；三是意识，分辨什么是合理的、正确的；四是习惯。"英语教学不仅要让学生拥有知识，学会交流，而且要让学生拥有智慧，要让教学涌动生命的灵性，让课堂荡漾生命的旋律，让课堂充满情趣、充满诗意、充满快乐、充满生命的活力、充满成长的气息。于是，我在教学中研究学生，在探索中感悟课堂，在实践中反思问题，在思考中生成智慧。"善听、善捕、善推"的生态教学风格逐渐形成，这成为我教学和研究的特色。

一、眼中有学生，善于倾听，共情于心

这种教学风格的形成基于我对国家提出的培养新时代的社会主义建设者和接班人的要求、英语学科核心素养和儿童发展心理学的认识。在学习的过程中，学习者通过各种感知系统获得信息，然后大脑对获得的刺激进行评价，并根据评价结果做出反应。这个系统就是人的生物评价系统。这个生物评价系统根据大脑所受到的刺激是否符合学习者的学习情感和学习动机，而做出肯定或者否定的判断。因此，我认为若是学习者在学习的过程中获得了正面的情感因素，这是可以推动学习发展的。

再者，人是有情感的高级动物。情感通常是人对自己的需要和意图是否得到满足的反应。情感因素影响着人的认知行为，而认知行为影响着人的思维发展。那么，正面的情绪势必带来正面的认知行为，从而有效地推动思维的发展。当学生具有强烈的意图与需要的时候，他们会自主或者不自主地抓紧一切机会学习，并在大脑里反复回忆，当这种意图和需要得到部分实现与满足时，学习者会产生回报感（通过回馈产生满足）、成就感等积极因素，从而进一步给学习带来动力。教育的重要目的之一就是促进人的发展。情感在教育的过程中有着举足轻重的作用，直接影响到教育的效果。

以前的我是个"颜控"老师，见到长得可爱的小朋友会很开心，自然见到长得一般的小朋友笑容也就少了点儿。我自己没有注意到这一点，直至有一天，一个学生气鼓鼓地告诉我："陈老师，为什么你见到XX的时候，笑容那么灿烂而且还摸摸她的头？为什么见到我的时候，只是微笑呢？"一语惊醒梦中人！我反思着自己，这种不公平的情感流露已经伤害了孩子的心。这孩子得积累了多久的坏情绪，才鼓起勇气告诉我她的伤心啊？后来我诚挚地跟她道了歉，抱着她，跟她说："老师很喜欢你，只是老师有时候没有把这种喜欢表达出来。特别是当你勇敢地站起来回答问题，说出你的想法时，老师最喜欢看到那时的你了！"孩子笑了，她的情感需求被注意到了，她也感受到了什么样的她是最美的。以后，这个孩子经常在课堂上举手回答问题，无论是对还是错，她都知道，表达出自己的想法才是最重要的！

二、眼中有学生，善于捕捉，鼓励推动进步

镜头一：坐着听讲的孩子，当听见教师提问的时候，小手下意识地拧紧

了，他在想：糟糕，会不会提问到我？

镜头二：坐着听讲的孩子，很想举手回答问题，可是太害怕说错了被同伴嘲笑，始终不敢举手回答问题。

镜头三：当教师请一个孩子回答一个很简单的问题时，孩子嗫嚅了半天，小声地说了一句谁也听不清的话。

……

以上这些镜头，我相信每个教师都看过，也都经历过。那么隐藏在这些镜头后面的情感因素是什么呢？若是教师能够理解这些因素，是否就能更有效地帮助学生学习呢？

表面上看，这些孩子都没有积极主动地配合老师，似乎都无法完成教学任务。但是，细想一下，镜头一的孩子存在畏惧的心理，可他还是有想要回答问题的冲动；镜头二的孩子由于惧怕同伴压力而硬生生地压下了自己想要回答问题的欲望；镜头三的孩子小声回答问题的背后原因是害羞，还是因为不懂？又或者是上节课被老师批评了，情绪还没缓过来呢？

如果我们老师能理解到这些表象后面的情感原因，换种处理方式，是否能激发或保护孩子们学习英语的那颗萌芽呢？教师应该具有反思、分析和评价的能力。教师要善于自我反思，要学会客观地反思自己的工作，对自己的课堂、学生和教学工作都要有客观的反思。教师还要善于发现并分析学生的特长和不足，进而调整自己的教学方法，帮助学生扬长避短，克服困难。教师要能够倾听学生的观点，了解他们在课堂中的表现和反馈；还要了解学生的心理，知道他们的心理变化，从而在课堂上更好地吸引他们。我在实践中尝试着这种方法，取得了很好的效果。

镜头一：坐着听讲的孩子，当听见教师提问的时候，小手下意识地拧紧了，他在想：糟糕，会不会提问到我？

我笑眯眯地看着孩子说："我看看哦，有的小朋友很想举手，可是有点儿害怕自己可能会回答错了。告诉你哦，老师刚才也害怕自己回答错了校长的问题，可是当老师说出答案的时候，发现原来是对的！来，我们试试好吗？"

孩子的手瞬间举得高高的！

镜头二：坐着听讲的孩子，很想举手回答问题，可是太害怕说错了被同伴嘲笑，始终不敢举手回答问题。

我看着孩子说："同学们，看到蹒跚学步的宝宝走着走着摔倒了，你们会嘲笑他吗？对，不会，为什么呢？是的，因为他在勇敢地探索世界。勇敢的孩子是不会畏惧未知的东西的。来，让我看看勇敢的孩子在哪里？老师支持你！"

孩子的手瞬间举得高高的！

镜头三：当教师请一个孩子回答一个很简单的问题时，孩子嗫嚅了半天，小声地说了一句谁也听不清的话。

我笑眯眯地看着孩子说："你的声音可好听啦！老师还想听一次，好吗？可以跟老师再说一次吗？对的，说得很好！再说一次好吗？"

孩子大声地说出了答案。

在实践中采取以上的做法，而取得一定的效果后，我的心中是相当欢喜的！这说明我的想法和做法是可行的。当学生得到共情后，他会觉得自己在一个安全的环境里学习和成长，其抗压能力、情绪调节能力、理解和分析能力都能得以良性发展。他也能够敞开胸怀，积极地与外界交往，从而促使其健康成长。在共情环境下生活的孩子，能够包容和理解不同的文化和观点，同时理解社会多样性的能力得以提升，这非常符合我国英语学科核心素养文化维度方面的要求。

三、眼中有学生，善于点拨，构建合适的思维空间

课堂是一个由认知和情感交织共生的世界，认知为情感的产生和发展提供理性基础，情感对认知活动又具有支持、强化和调节的作用。在一线教学实践中，我根据英语学科核心素养的要求，准确地把握课标精神，依据学生的实际情况，根据教材内容制订合理的教学方法，培养学生的语言运用能力、思维认知能力，促进其心智的发展，塑造其健康的品格。我力求做到让学生在英语课堂上知晓应该做什么，明确能够做什么，能分辨什么是合理的、正确的。在教学中，我坚持创设自由、民主、宽松、和谐的课堂氛围，给学生留足空间，使教学成为教师、学生共同参与的交互活动，这调动了学生学习的主动性和积极性。我鼓励学生放开眼界，努力培养学生合作交流、自主探究、勇于创新的能力，实践"教是为了不教"的教育理念。

在我的课堂上，我经常设置一些具有信息沟的练习，训练学生初步的逻辑思维能力，正如英语学科核心素养中的思维品质维度要求的那样，在英语教学中培养学生的思维个性特征。在具有信息沟的练习中，孩子们能通过一

些线索推敲思索，从而找出答案。在教"是什么"这种类型的知识点时，我通常会把图片遮住，只露出一部分，让学生通过观察已知局部，推理全局。这种探寻未知的方法充分体现了语言学习就是在社会情境中借助语言进行理解和表达。孩子们玩得非常开心，他们也能对获取的信息加以思考，判断别人答案的可行性，来调整自己的答案，为不同的文化信念寻找合理性解释，从而增补、丰富自己的知识信念系统，这大大地提高了孩子们探寻、理解、表达的能力。

在阅读理解的过程中，与其说是读者与文本互动，不如说是读者与文本的作者互动。既然是互动，那么作者与读者总是以一定的角色进行互动。基于这样的认识，我经常让孩子们做角色扮演的游戏，让孩子们在扮演的过程中探索、理解并表达出作者在创作语篇时直接或间接地体现自己的角色，也会为期待的目标读者设置角色的隐藏情感。我认为这也体现了语篇的人际意义。

在课堂上，我还注意深挖文本中的人文情感，做到知情之间相互联系、相互有层次的递进循环。例如五年级下册第五单元B部分的对话，该对话描述了Sam在陈洁家做客并谈论带小狗Fido去玩的情景。我抓住"Can you take him to the park？"这个句子，用What can Sam do with Fido in the park？这个句子让学生在脑海里想象男孩与狗在公园里可以做的事情。这不仅唤醒了孩子们已有的知识，还成功地激发了他们对美好事物的向往和热爱，也让孩子们理解了人与动物共处一个地球，人与动物是好朋友这样一个文化理念。

教师是人类灵魂的工程师，是人类文明的传播者。教师承载着传播知识、传播思想、传播真理、塑造灵魂、塑造生命、塑造新人的时代重任！我们每个教师都要爱惜这份职业带来的光荣与使命，严格要求自己，完善自己。我们要在课堂上构建孩子自我成长的生态系统，使每个孩子与生俱来的能力得到健康发展，最大限度地拓展孩子的人生可能性，并让孩子幸福而有意义地成长！

参考文献

[1] WILLIAMS M，BURDEN R L.语言教师心理学初探 [M] .北京：外语教学与研究出版社，2000：15.

［2］保罗·哈里斯.儿童与情绪：心理认知的发展［M］.郭茜，译.北京：教育科学出版社，2012.

［3］龚亚夫.英语教育新论：多元目标英语课程［M］.北京：高等教育出版社，2015.

构建"线上教学"新形态，促生"生态课堂"

——以疫情防控期间汕头市龙湖区小学英语学科为例

汕头市龙湖区教师发展中心　方玉华

2018年，汕头市龙湖区小学英语学科的师生就以循序渐进的课堂教学实践，推动"课堂生态"的悄然变化，努力将英语课堂打造成富有特色的"生态课堂"。然而，2020年伊始，一场没有硝烟的战争打响，突如其来的新冠肺炎疫情打破了传统课堂教学的既定节奏。新冠肺炎疫情给教育带来的变化，最直接的是超长时间线上教学的考验。为贯彻国家和省市区有关抗疫要求，落实上级"停课不停学"指示，我区小学英语教师面对在线教学的全新空间和挑战，全新审视"生态课堂"中教与学的共生关系，思考构建新技术支持背景下的"线上教学"新形态，精心设计在线教学课程，录制微课，着力打造本区托底资源，并由此促生有利于我区师生共生发展的"生态课堂"，最大限度满足延期开学期间小学生居家学习需求，达成"停课不停研，停课不停学，师生共成长"的总目标，为特殊时期线上教学教研的有效开展积累了丰富的经验。

一、线上教学的认识理解

一场疫情阻挡了学生们返校的脚步，却不能阻挡孩子们成长的步伐。随着新媒体教学技术普及到课堂，小学英语的课堂教学模式得到了巨大延伸，产生了一个由学校、教师、学生、教学环境（空中课堂）组成的新生态系统，即"线上教学"。

线上教学、直播、录播不仅对家长和学生来说是新鲜事物，对老师们来说从技术水平、教学设计到落实管理都是极大的挑战。

线上教学不是简简单单的课堂教学线上化，不仅仅是一种学习方式的改变，实际上是一种学习方式的变革，更是一次教学理念的推动，一次线上教研的协同和一次教育技术应用的提升。我们不断思考：线上教学的特性是什么？线上和线下有哪些共同点和不同点？线上教学过程中如何管理学生？线上教学过程中如何进行有效的课堂教学活动设计以更好地培养学生良好的学习习惯，发展学生的学习能力，提升学生的思维品质？如何基于线上平台发展学生合作、交流、共享、探究、创新等方面的意识？

不同于具有"直观性、生动性、互动性、反馈及时、关注梯度设计"的传统课堂，线上教学兼具间接性、开放多元性、覆盖范围广等特性。因为网络媒体的介入，师生的互动由直接变为间接方式。同时，线上课程给了我们更加多元化的体验，文字、声音、图像、视频等多感官刺激让我们的课堂更加立体多元，学生们可以通过多模态来感知课堂，有效参与率也更高。线上教学的间接性带来了网络的距离感，这会给学生更多的空间和自主权。一方面，没有老师和同伴带来的直接压力，学生们会更爱表达，更加自信；另一方面，正因为没有教师和同伴面对面的监管，提高学生自主管理能力显得尤其重要。另外，线性的学习方式由于无法根据学生的学习状况进行调整，学生始终停留在浅层学习阶段，也由于缺乏内在驱动力，单一的评价容易使学生产生倦怠感，学习效率低下。因此，在确定空中课堂的教学目标时，教师不仅要注重知识的讲授，还要加强学习方法和学习能力的指导，帮助学生成为自主学习者，让学生学会知识，也逐渐学会自我管理。

线上教育是在线下教育无法实施的背景下开展的全方位的教育，内容应该包含德育、智育、体育、美育和劳动教育。疫情防控期间，我们更应牢牢守住学校主阵地，努力化疫情危机为教育契机，科学认知教与学的过程，充分调动教师的积极性、主动性和创造性，发挥其"线上教学"中的主导作用，更重要的是要激发学生学习的内在动力，促进其自主学习，结合居家生活和本次疫情落实立德树人的根本任务，加快推动育人方式的改革与探索，做有未来的教育，促进师生共同发展。

二、生态课堂的内蕴阐释

生态课堂最早是由美国教育学家沃勒于1932年在《教学社会学》中提出的，实际是用生态学的方法来研究课堂教学问题。生态课堂这一理念也在2010年发布的《国家中长期教育改革和发展规划纲要（2010—2020年）》中被提出。生态本是一个科学学科范畴，是指体系内的完整有机体以及周围环境之间的和谐关系。

依据生态学的理念，生态课堂研究即以系统思维和关系思维为方法论与出发点，将课堂隐喻为教师、学生、教学环境等诸多相关要素构成的课堂生态系统。生态课堂以课堂教学效益与学生生命质量的整体提升为旨归，致力于建构健康、和谐、共生、多元以及可持续的教学模式。生态教育观主张把课堂视为一个特殊的有机生态整体。它具有"尊重生命""情境性""实践性""发展性"和"愉悦性"等基本特征。

基于对线上教学的认识理解和对生态课堂的内涵理解，结合课程标准所倡导的教学理念，我们确定构建"以师生的发展为宗旨，体现教师为主导，学习为主体，能满足个性化学习的需要；学习方式以思维性的问题为引导，话题为主线，情境性的任务来驱动，发展性的评价来增强学生的成就体验；坚持能力导向，激活学生学习动能，加强对学生学习方法和学习能力的指导；学习具有创造性和生产性"的线上教学新形态，并以此来促生"健康、和谐、共生、多元以及可持续"的"生态课堂"，即心中有"人"的课堂。

三、构建"线上教学"新样态，促生"生态课堂"的路径

（一）协同线上教研，精心设计构建"生态课堂"

疫情防控期间，汕头市龙湖区各校尽力呵护教师的身心健康，充分调动教师的积极性、主动性和创造性。教师积极配合学校开展相关工作，充分发挥在"线上教学"中的主导作用。为了让学科教师之间进行有效的、深层次的交流，我们构建一个区际、校际的校研共同体，协同线上教研，激发教师的内驱动力，学习理论，以理论指导实践，以此实现理论与实践的融合创生，精心设计构建"生态课堂"，并不断地去发现问题，不断地解决线上实际教学中的问题。

1. 硬核托底，资源共享

线上教育是正常教学的组成部分。从2月17日开始，我们根据"区域统筹，学校实施"的原则，充分利用在线教育平台和数字教育资源，开启了线上学习活动。按照汕头市龙湖区教育局出台的《致全区学校师生和家长朋友们的一封信》《龙湖区线上教育指导意见》等文件以及线上教学指导、教学计划和录播课安排表，龙湖区小学英语学科的教师们积极遴选网上优质学习资源，用网络实现优质教育资源汇聚。

我区小学英语学科充分发挥教研引领作用，统筹全区骨干教师基于国家教材，从2月17日到5月17日期间，录制了"教学微课"155节，着力打造本区特色的托底资源，上传到"和彩云"共享平台中，作为补充资源，供全区、全市共享。微课资源受到广大教师的热捧并积极应用于防疫期间的"空中课堂教学"，最大限度地实现了优质资源共享。

"后疫情"时期，基于学情调研，立足实际，针对一到四年级复学时间延后情况，硬核托底，我们将网课一托到底直至全面正常开学。我们通过问卷星调研发现，有98.67%的老师认为我区提供的小学英语各年级教学资源对"线上教学"的开展很有帮助。

2. 教研先行，智慧导航

为了帮助我区教师尽快开展工作，应对疫情新挑战，作为学科教研员，笔者以"急需、实用、有效"为原则，构建一个区际、校际的校研共同体，开展协同线上教研，利用区小学英语教研群和腾讯会议等组织线上培训和研修活动，在线开展线上教学技术培训、线上教学组织实施等培训课程，以概念解读、课例展示等多种形式呈现，使教师的教学思维得到更新和提升，这为开展线上教学奠定了良好的理论基础。每一次教研都是一种反思、唤醒，更重要的是一种超越和提升。全区小学英语教师同研共进，许多老师进一步提高了自己的线上教学能力。

我们及时在教研群内发布国家、省、市线上研讨活动信息，鼓励全区小学英语老师主动学习，积极参与研讨，更新线上教学的观念，提高线上教学能力和信息素养，抓住疫情这个特殊时机进行信息技术和学科教学的融合实践，促进线上教学质量提升，在线上教学中与学生共成长。

2020年3月18日至3月20日，我们连续三天组织全区小学英语教师在线上观看广东省"疫情防控期有效开展义务教育英语在线教学"专题线上研讨活动，听取全省各地区线上教学的经验，进行线上教学资源的筛选、疫情防控期在线教学背景下的微课设计方法等专项学习。老师们准时上线签到，观看直播，在微信平台上分享学习心得。

我们组织教师们学习了《延迟开学期间中小学线上教学工作指引》（广东省教育厅）《广东省中小学线上教学课程与教学设计规范指引（试行）》等文件，了解线上教学要求，明确"教什么"和"怎么教"，从理念更新、技术保障、心态调适、细节把握等层面，引导教师们主动思考、革新观念、转变教法，以智慧为在线教学导航，为提供优质线上教育托底资源做好充分准备。

我们还组织教师们在线上重新学习了有关"生态课堂"的理论知识，如《论生态课堂的内涵、功能与价值诉求》，讨论如何构建线上教学背景下的"生态课堂"，积极探索并付诸实践。

首先，我们讨论确定了我区小学英语学科线上教学的目标：

（1）加大学生语言输入，丰富语言体验，夯实语言基础，保持英语学习热度，促进语感形成和语言能力发展；

（2）转变学习方式，发展学生的自控能力与自主学习能力，在学习过程中提升思维品质与促进心智发展；

（3）激发学生的学习兴趣，享受学习过程，体验学习成就感。

其次，根据以上教学目标，针对线上教育的特点，基于我区的教育发展水平和学生的学习情况，基于不同层次学生的学习需要，我区小学英语学科的教师因地制宜、因校制宜地创新教育教学模式，努力探索和构建"线上教学"新形态，采用"线上授课+线上答疑+线上个性化辅导+线下自主学习"的教学方案开展教学，以录播为主，直播为辅，线上重导学、重示范，精讲精练，强化有效互动，及时反馈，线下重引导学生制订学习计划，引导学生学会生活自理和学习自律，引导学生发现自己的兴趣和爱好，强化自己的特长，最大限度地满足延期开学期间学生的居家学习需求，形成"人人皆学、时时能学、处处可学"的新学习范式，促生"生态课堂"，回到"学生为本，学习为重"。

3. 把控质量，精益求精

我们遵循学生认知规律，从"教的设计"转向"学的设计"，以高质量的学习设计激发学生学习的内在动力，提高学生学用能力，倡导指向学科核心素养的学习活动观；倡导自主学习、合作学习、探究学习等学习方式；设计具有综合性、关联性和实践性特点的英语学习活动。

我们严守教学规程，规范教学行为，提高教师知识产权意识。在备课指导过程中，教研员负责对全区本年级本学科的老师进行备课指导和审核把关。我们不仅加强教学资源意识形态和学科知识性错误审查，还明确要求教师引用的教育资源必须来自正规渠道，且要注明出处，合法引用。

我们同心战"疫"，严把质量，精益求精。根据需要，参与录课的学校还为本校的录课教师指定了校级指导教师和备课团队，指导教师全程跟进，个别指导。各校的备课团队协作互助，通过线上"圆桌会议"就教学任务、教学进度进行充分讨论，达成共识，调整方案，并做到资源共享、技术共享、信息共享。首先，我们要求每一位老师自行学习线上资源，进行首备工作。在各教师首备的基础上，我们再进行团队线上集体备课，就如何更好地利用资源、挖掘资源和创编资源进行讨论，进一步丰富线上教学素材。每一位老师在集体备课后，结合学生的实际学情进行二次精心备课，包括修改课件、增删操练或者练习环节等，力求参与线上学习的每个学生都有不同程度的收获。所有备课指导过程均通过微信、邮件和电话交流完成，每节课都需要多次讨论、修改、试教，再三磨课，反复练习，力求精益求精，完美呈现。教研员每天要审阅全区参与录课老师发来的教案和课件，一个一个进行线上指导，一个一个观看试教视频，提出修改意见，有的还要进行第二、第三次视频试教，认真把关，确保每一个视频的质量。基本流程如下：备课→研磨→修改→第一稿PPT（课件+教学指引+学习指引+学习任务单）→审核→修改→第二、三稿PPT→又审核，终于进入录课环节→微视频再审核→提交平台（每一个录制的微课资源包括：微视频+教学指引+学习指引+学习任务单）……

（二）五育并举，精准教学锻造"生态课堂"

在实际运作中，生态课堂肩负着提升学生精神生命的教育使命，承载着促进课堂教学交互开放、多元共生、互动关联与个性自主等内在价值诉求。生态课堂的基本功能之一是提升师生生命的创生力。

我区小学英语学科教师注重生态课堂的创生发展功能，创新线上教学的方式与方法，采用"线上教学+线下自主学习""微课+任务单"的教学方案开展教学，坚持线上与线下结合、共性与个性兼顾的原则，精心上好每一节网课，增强互动与指导，充分发挥线上教学的优势，精准教学，打造"生态课堂", 师生共生发展。

统筹兼顾, 坚持"五育并举", 不是简单地教授书本知识, 而是立足教材, 超越教材, 围绕教学主题, 精选绘本、小诗、童谣、歌曲、卡通电影、微课等资源推荐给学生, 将英语学科学习更好地与家庭生活和社会时事相结合, 培养学生良好的学习习惯, 发展学生学习能力, 提升学生思维品质, 使英语学习更具温度和深度。最后, 设计并布置朗读绘本、动画配音、绘制英语手抄报等多种形式的作业, 提高学生的综合能力, 提高学生英语学习兴趣和成就感, 展现我区学生的风采。

1. 依托平台, 个性化辅导到位

在"停课不停学"工作开展的中后期, 为提高线上教学, 特别是练习讲解的实效性以及增强师生互动与学习指导, 教师还充分利用希沃、腾讯课堂、钉钉软件等直播工具, 探索直播模式。有的教师根据学生练习的反馈, 直播评讲练习, 将学生学习中遇到的难点逐一击破; 有的教师先将视频分享到群里让学生自学, 然后自己设计教学PPT和练习, 利用腾讯会议、腾讯直播、钉钉等直播平台开设直播课堂, 这突破了线上学习没有互动环节的瓶颈。例如, 我区丹霞小学英语组老师将单词、句子、课文录制成音频, 针对学习较为吃力的同学, 采用语音聊天一对一地教, 实现个性化教学。

相比录播课, 直播课更加需要在线管理, 因为在线学习最担心的就是学生注意力不集中。英语组的老师们在直播过程中, 设计个性化的互动环节, 比如视频连线课本对话、课本剧等, 频繁与学生连麦互动, 关注学生课堂反馈, 让直播课堂有思想、有温度、有活力。

另外, 利用平台, 我们实现了个性化辅导。教师采用"录播"方式进行线上教学, 虽然无法和学生面对面, 但是通过QQ、微信私聊的方式实现了个性化辅导。例如, 有些学生产生了与老师思路不同的解题方法, 但是课上时间有限, 学生可以通过上传照片、语音等方式与老师进行在线沟通, 无须担心性格和学习基础等因素造成交流障碍。老师随后在班级学习群中进行分享, 促进学习平台上的讨论交流, 将辅导由点及面地铺开。教师还充分考虑学生的家庭环境及学生的个性特点, 有针对性地进行线上一对一释疑和个性化辅导, 重点关注特殊群体、学习困难学生的教学辅导。教师还加强了对学生线上学习情况的监控, 注重过程监测与评价。为培养学生自主学习能力, 教师还指导学生制订科学合理的学习计划, 并与家长及时联系沟通, 指导家长配合做好计划落实，提高家长的指导能力，家校协同，助力云端学习。

我们要挖掘线上教育的优势，用网络实现优质教育资源汇聚，对学生进行个性化诊断，让学生在家也能实现师生之间、生生之间的即时互动、小组合作。

2. 自主学习，巧设任务单促发展

"停课不停学"期间，我区各校的英语教师以"微课＋任务单"的方式进行线上教学。教师根据微课内容，按照"以学定教、以教导学"的原则进行设计和开发学习任务单。学习任务单包括学生自主学习、教师导学、学习评价等环节，指明学习任务和重难点，标注操作提示，做到"一生一案"。任务单要求简洁明了，能让学生一目了然，要有利于居家学习，有利于学生主动参与，有利于学生自主完成。短小精悍的微课资源加上基于学情设计的导学任务单，便于老师们进行学法指导、评价和检测学生的线上学习情况和知识技能掌握情况，也大大提高了学生的自学能力。

3. 整合多元创生，促进学生核心素养发展

生态课堂追求自然天成。在线上教学的"生态课堂"中，教学内容应该简明具体，教学过程应该简要清楚，教学方法应该简易有用，以让学生在自然和平实中迸发生命活力，得到成长。生态课堂具有创生发展的功能，是促进师生生命成长的课堂。在课堂中，师生生命的创生发展自然离不开多元的、创生性的课堂教学内容。

英语虽然是教学中的重要学科，但绝不是单独存在的，只有让英语学科与其他学科相结合，才能充分发挥英语的语言工具作用，让学生感受到学习英语的重要性。生态课堂的构建同样需要英语学科与其他学科融合发展，只有这样才能快速提升英语学科的教学质量，开阔学生的英语学习视野。

首先，教师对课堂教学内容进行创生。"教学内容"不等同于"教材内容"。正是由于教师对语言和语言学习的个人理解，他们决定学生在课堂上应该做些什么，应该采用什么材料和以何种方式、步骤去学习，应该经历怎样的思维和行为过程，以便更好地唤醒学生的学习欲望，触发深度的思考，产生积极主动的学习活动。同时，教师应该注重语言输入"原生态"，应该利用有限的线上教学时间，最大限度地输入原声英语，让教师的课堂英语、教材中的英语以及其他媒介提供的英语构成良好的英语环境，这样，既让学生掌握地道的英语口语，形成正确的语音语调，又有利于学生理解中西方文化，提高跨文化交际的意识。

我区小学英语学科经历了前后两个阶段的线上教学。在第一阶段，我们主要以"查漏补缺、复习巩固"为主，对上学期的知识进行全面的复习和巩固，为上新课奠定基础。教师需要围绕一定的主题对教学内容进行预设，以自己的知识背景、教学经验等对教学文本资源进行加工、整合和转化，完成教学设计。

为了使复习课程更有趣，吸引更多的学生主动参与到线上学习中来，老师们分工合作，搜索了各类相关的视频、动画资源，并结合复习内容进行编辑处理和整合，即对原有教学内容的增补、修订、完善与个性化创造，使之更符合学生的发展需要，更有利于课堂教学的实际开展。

例如：六年级主要是对知识点进行系统归纳和学法的渗透，我们建议教师以思维导图重构每个单元的重难点，整合复习四会单词、句型及语法点，帮助学生梳理记忆知识。同时，对学生多一些宽容，以欣赏的眼光看待他们，多鼓励他们，提高他们的学习兴趣，消除学生因未能很好掌握知识点而产生的消极心理，增强他们的学习信心。六年级的老师们总是提前一天发布课程安排，包括上课时间与方式、授课内容、预习任务及作业布置等，确保学生做好预习，完成学案，并通过音频作业增强学生开口说英语的信心，使其产生强烈的求知愿望，变被动学习为主动学习。

在第二阶段，我们的线上学习以录制20分钟的预习指导课为主。教师按照"适度、适合、适用"的原则，以话题为主线，对预习指导课的课堂教学内容进行创生，再根据课堂的实际开展情况不断修正原有的教学活动方案，从而进一步生成新的教育教学资源，以创造性的、丰富多元的课堂教学内容促进学生的生命发展。

预习指导课的线上学习流程大致遵循以下顺序进行：设计学习任务单（包含学习任务、学习活动、探究问题和学习评价）→教师答疑→引导观课→落实学习单→练习检测→教师反馈总结，强调突出情境、突出策略方法指导和突出自我评价。建议教学内容尽量具体、形象、生动，给学生思考留白，增强学生的体验感，教学活动任务建议分层分级设置过关游戏奖励等活动，最大限度地激发学生学习兴趣，促进学生的核心素养发展。

在中高年级的线上教学中，老师们经常结合教学目标，巧妙设计制作思维导图、创编对话等活动，这样，孩子们经过在线学习之后，能静下心来阅读课本，深化理解，发展思维。

例如，在PEP小学英语五年级下册Unit 1 My day阅读材料Robin's play录播课例中，教师运用了导学图式。这篇阅读材料的内容是罗宾以鲁滨逊的身份写的一篇关于自己的介绍，取材于英国作家笛福的长篇历险小说《鲁滨逊漂流记》（*Robinson Crusoe*）。教师以问答、猜测、关键词填空、讨论等形式，帮助学生梳理出以下的逻辑关系图表：

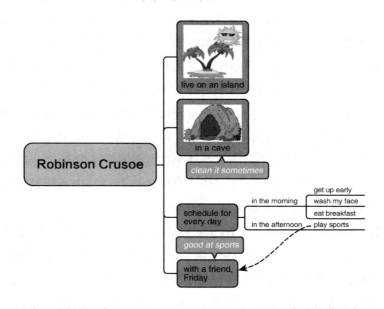

我区录制的五年级下册Unit 1 My day Read and write中的导学图式

这样，学生通过各种练习形式完成导学图式，对课文结构的逻辑体系有了一个详细的习得过程，这突出了语篇教学功能，发展了学生的思维。

在PEP小学英语五年级下册第二单元Read and write录播课例中，老师们利用思维导图、问卷等形式让思维可视化，在线上教学中通过自身示范影响着孩子们。学生们举一反三，在老师的引领下，进行自学和思考，自我总结词汇、语法、句型，对课堂教学内容进行创生，线下制作贴合课本内容的思维导图，把输入内化为输出，学生的综合学习能力大大提高，尤其是中高年级的孩子。他们收获的不仅仅是英语学科的知识，还获得了自我反思能力，学习素养得到了很大的提升。

4. 教学相长，师生平等和谐共生

生态课堂的构建与师生关系有着极为重要的联系。"生态课堂"教学理念倡导师生之间应是朋友关系，应是更加亲密的亲情关系。只有师生之间建立和谐的关系，才能消除学生对英语学习的恐惧感，才能让学生爱上英语课堂，才能提高课堂教学效果。生态课堂要求教学应处于一种相互的模式，学生从教师那里获得了知识，但由于学生接受知识程度的不同，他们可能对同一教学内容产生不同的、个性化的理解，而教师要通过识别学生学习过程的动态，来判断自身教学过程的问题，这样才能给学生带来更好的教学效果。

在线上教学的情境下，教师是学生知识学习的引导者，是教学创新的践行者，是学习过程的服务者。从英语教师在教学中的作用来看，教师的主要职责应该是"促进"学习，而不应该只是传授语言知识。师生隔着屏幕，但隔屏不隔爱，师生关系较线下教学更为和谐，师生地位更为平等，学生不再认为教师"远在天边"，这拉近了学生与教师之间的距离。在线上课堂中，师生互动频繁，学生为主体，进行分享、体验等活动，提升语言能力和学习能力，培养思维品质和文化品格。在线上课堂的趣配音环节中，教师和学生时而是学伴，时而是师生，分饰多角，身份转换，屏幕内外洋溢着体验与参与的激情和乐趣。师生平等共生。

例如，在六年级Things I like这个录播课例中，授课老师设计了一个在线语音聊天的环节，以此训练学生的听力技能。教师通过与学生进行微信语音聊天，了解学生的个人爱好和假期活动，学生听取关键信息完成练习。在课堂中进行师生互动与合作，拉近了师生关系，也为学生创设了一个展示风采的平台，营造了"空中课堂"的"健康""和谐""合作"的良好氛围。

协同线上研修，笔者在云讲座"如何录制一节高质量的网课"中特别强调一点：心中要有学生，教学要有温度。因为录播的方式，教师能够准确清晰地进行自身定位，语言的轻重缓急就会来得自然、亲切、有温度；隔屏不隔爱，教师要通过语言向学生传递爱和温暖，让学生爱上英语。

5. 作业、学习评价多元，促进学生的健康可持续发展

作业是教学中不可或缺的重要环节，也是检测学生线上学习成果的重要方式。在线上教学中，英语老师们基于课本单元话题，群策群力，各施妙法，创新设计了形式多样、语境真实、趣味性强的语言实践任务，如为英语动画配音、制作贴合课本内容的思维导图、观看关于新冠病毒的英文版视频等，继而激发学生创作的激情，鼓励学生制作英语抗疫宣传画、手抄报、手工作品等，让英语作业形式丰富多彩、有声有色，学生有思有得。检查评阅评价方式要多元化，利用信息技术开展学习效果评价，如：小程序、作业网站、QQ作业、钉钉作业等。

语言与审美共育，指导孩子们创作出一系列图文并茂的作品，让孩子们乐在其中。同时可以充分利用绘本故事、有声读物、歌曲童谣等经典英语读物，积极鼓励学生模仿、体验、实践、探索、自创，在潜移默化中提高学生的英语表达和交流能力。我区丹霞小学的英语科组开展口语实践活动，精心设计符合各年级学生学习能力和兴趣特点的有声作业，注重培养学生的学习习惯和学习能力。各年级按照"Learn by doing""Learn by telling stories""Learn by reading""Love my hometown""Culture differences"等专题开展口语实践活动，学生或阅读绘本故事，为绘本故事进行配音，或用英语讲述一个个趣味盎然的寓言故事和童话故事，或用英语介绍家乡文化，抒发浓浓的爱乡之情。这展现了学生们良好的英语口语水平，培养了他们文化的自信。

金阳小学的英语科组利用"英语阅读推荐"等活动激发学生的学习兴趣，还在学校公众号开设"童英童趣"专栏，刊发优秀的英语故事绘本、英文经典歌曲或诗歌朗读、电影动画英文配音等作品，让学生居家也能学英语，展风采。

作业与美术创意相结合。香阳学校的英语科组注重思想品德教育，教学内容涵盖书本、家庭、社会三方面，寓教于"绘"，在线上课程中积极引导学生开展"有色绘本"创作。香阳学子用英文手抄报"画"说战疫，向最美逆行者致敬，这既提高了学生的英语学习能力，又培养了学生崇敬先锋的情怀。

多元的作业和评价方式，帮助学生及时巩固线上所学知识，培养英语学习兴趣，帮助学生树立自信心，养成良好的自主学习习惯，促进学生生命成长。

6. 需求驱动，教师信息素养提升快

疫情防控期间，我区小学英语科教师各显神通，发掘并掌握各类技术软件的教学功能，为自身的专业发展提供了强大的助力。经此一"疫"，快速成长，尤其促进了信息技术与学科教学的深度融合，包括培养学生自主学习能力方法方式的思考与践行都是一种契机。因为在线教学的需求驱动，有的老师用WPS中Word和PPT结合录屏，有的用投屏软件将iPad投屏到电脑上实现屏幕分享，有的借助电脑手写板或投影仪直播作业分析、试卷讲评，有的用触屏笔代替手指触屏批改作业，还有的用问卷星、统计助手等实用性工具，统计学生的疑难问题，制作阶段性摸底测验……

线上教育是教育发展的助推器，线上教育未来还具有较大的发展空间。无论线上技术发展如何，我们老师一定要提升自己的信息技术应用能力，适应时代发展的大趋势。

（三）有效衔接，连接线上线下，延续"生态课堂"

"后疫情"时代，课堂从在线到常态，落实线上线下教学的衔接是当前教育教学工作的重要落脚点。每一位老师都要做好返校后面对现实的心理准备，小学三至六年级英语学科坚持零起点教学。我区各校英语组精心制订衔接计划，通过开学检测等方式准确评估线上教学的实际效果，摸清学情，精准施策，做好线上线下教学的衔接。根据学生在线上学习已有知识的基础，扩大线下学习的深度和广度，实现全方位、全过程、全员的衔接与提高，利用好当前教学"小班化""分层化""错峰化"的特殊样态，化被动为主动，化"危"为"机"，最大限度地提升教学质量，为学生的个性化成长提供全方位的呵护，延续"生态课堂"的绿色质量。

龙湖区教育局还向全区小学提供三至六年级英语学科相关的单元检测练习托底资料，供学校自行选择使用，力争确保复课后的教学质量不下滑、不落坡。

我区各校英语科组、备课组通过问卷调查、学生作业完成情况分析和总结、统计线上学习参与率、访谈等多种方式，有效地掌握学生线上学习的情况和效果。老师们除了使用区提供的单元检测练习托底资料，还结合本校、本年级、本班的学生特点，自行设计有针对性的检测卷，开展英语线上教学效果阶段性检测活动，对教育教学质量进行评估；科学分析检测数据，及时发现线上教学中存在的问题和学生的薄弱点。金阳小学、丹霞小学、锦泰小学等已在复学前举行了英语科各年级的线上教学阶段性摸底测验，及时掌握学生已学的知识和薄弱点，方便更好地开展复课后的教学衔接工作。

四、结语

在这个众志成城、共克时艰的特殊时期，开展线上教学既是抗击疫情的应急之举，也是推进教育信息化创新发展的重要实践和契机。把线上教育发展成日后教育中的重要形式，让线上线下互动成为一个整体，是未来研究应该重视的方向。我们将认真总结疫情防控期间线上教育教学的有益经验和存在的不足，着力搭建起常态化线上学习平台，把本次录制的线上课程全部迁移到"龙湖教育云"，发挥网络个性化学习优势，使线上线下结合的混合式教学逐渐成为教学新常态，持续发挥线上教育教学的作用，提高线下教学的效率，助力教学质量的提升。

未来已来，趋势难逆，教育从同质化走向个性化不可逆，线上线下混合学习的趋势更不可逆，更好地拥抱趋势是所有教育者的共同使命。面向未来的线上线下混合式教学与教研最终要回归到教师和学生的成长，超越技术，永远要做到以"人"为本，以"生"为本，学习为重，教研要以教师为本。

我区小学英语科教师携手拥抱趋势，拥抱未来，灵活地组织和应对，构建线上教学新形态，打造心中有"人"的课堂，并在研究实践中不断改进，不断优化"课堂生态"，尊重每一位学生的思想与表达，让课堂成为思维的乐园，让学生在与教师的互动过程中感受到激励、感受到理性、感受到关爱，释放潜能，放飞理想，让我们的教育有思想、有温度、有活力！

参考文献

［1］顾金花.构建生态课堂　优化小学英语教学［J］.名师在线，2019（13）.

［2］陈荣荣.构建生态课堂　优化小学英语教学［C］.教育理论研究（第十一辑），2019.

［3］徐洁，黄晓玮.论生态课堂的内涵、功能与价值诉求［J］.教师教育论坛，2016，29（10）：43-46.

［4］孙丽.对小学英语生态课堂的探索［J］.黑龙江教育（理论与实践），2015（2）：29-30.

［5］马丽清.寻找小学英语生态课堂中的生态细节［J］.科技风，2013（22）：60-61.

基于思维品质发展的小学英语阅读教学策略

汕头市东厦小学　李佩珊

《教育部关于全面深化课程改革 落实立德树人根本任务的意见》提出各学段学生发展核心素养体系，明确学生应具备的适应终身发展和社会发展需要的必备品格和关键能力，突出强调个人修养、社会关爱、家国情怀，更加注重自主发展、合作参与、创新实践[1]。因此"核心素养"是新一轮基础教育课程改革的基础，核心素养要想真正落地，教学是关键，思维是教学的核心。随着对核心素养理解的日渐深入，思维在课程与课堂教学中越来越受到关注和重视。

一、英语阅读对思维品质发展的重要性

《义务教育英语课程标准（2011年版）》的"课程性质"部分指出："就工具性而言，英语课程承担着培养学生基本英语素养和发展学生思维能力的任务，即学生通过英语课程掌握基本的英语语言知识……进一步促进思维能力的发展。"[2]因此，如何通过英语教学促进学生的思维品质发展，成为当前教育形势下需要深入探索的问题。

北京师范大学外文学院外语教育与教师教育研究所所长、博士生导师王蔷教授指出，在新的学科目标要求下，英语阅读对于提升学生的核心素养，特别是语言能力、文化品格、思维品质以及学习能力等方面会起到关键的作用，这也是英语学科核心素养的重要内涵。

小学英语教材中有丰富的阅读文本材料，许多内容取自日常生活，而且涉及的范围非常广泛，学生可以接触到本国和所学语言国家的文化、历史、地理、科技、礼仪、习俗和风土人情等内容，这为学生的思维训练提供了丰

富的素材。教师应该充分利用和开发这些素材，并且通过预测、质疑、分析、讨论等方式组织学生参与思考活动，不仅关注文本内容和主题意义，还要关注作者的观点及其背后所隐含的价值取向等，这将会直接影响学生的学习体验程度、认知发展的维度和情感参与的深度，从而促进学生思维能力的发展。

二、在阅读教学的不同阶段采用相应的教学策略发展学生的思维品质

（一）阅读前借力燃思

思维对事物的间接反映，是指它通过其他媒介作用认识客观事物，及借助于已有的知识和经验、已知的条件推测未知的事物。标题和插图是文本的重要组成部分，往往与文本的内容密切相关，可以折射出文本的主题。教师如果能够把握好标题和插图，就能够有效地帮助学生把握文本的脉络和大意，从整体上快速了解文本，从而训练学生思维的准确性。

1. 借助标题，了解文本主题

在小学PEP教材里，常见的阅读文本标题包括大小标题两类，这些标题是文本内容的总体概括。在阅读前，教师可以让学生先浏览标题，鼓励学生围绕标题预测文本主题，并设置头脑风暴引出讨论话题，促进学生思维能力的发展。

例如，教师在教授PEP B6 Unit 5 Whose dog is it? B Read and write时，可以让学生先浏览标题"Robin at the zoo"，然后联系有关动物园的知识储备，或者让学生思考和讨论想要了解的内容：What can Robin see at the zoo? What is Robin doing at the zoo? What are the animals like? Is Robin happy at the zoo? Who does Robin go to the zoo with? 这种方式锻炼了学生的形象思维，使学生做好相关话题的知识准备。学生的知识图式一旦被启动，便可以为后面的阅读活动奠定基础。又如PEP B7 Unit 4 I have a pen pal B Read and write的阅读文本Notice Board。文本分为四部分，分别为四个"学校兴趣活动小组"的广告，每个小广告都有一个小标题："Shall we dance?" "Goal! Goal! Goal!" "Let's read together!" "Science Club, Your Club!"。学生通过浏览各个小标题，可以很清晰地理清文本的结构，更能清楚地了解各个广告的主题内容。

2. 借助插图，预测文本内容

在英语教学中，教材中的图片对培养学生的预测能力具有无与伦比的优势。教师可以充分利用图片让学生通过观察进行思考和判断，同时让学生带着兴趣在学习过程中去验证自己的预测是否正确，以培养学生探索推断的思维能力，也提高了学生的表达能力。

在小学PEP教材里，所有的阅读文本都是以图文的形式呈现的，课文的插图是教材的组成部分。读图猜文是一种良好的阅读习惯。例如PEP B8 Unit 3 Where did you go? B Read and write中，课文有两部分插图，在短文的前面有以下图片（见图1）。教师可以让学生通过看图和阅读图片里的人物对话，讨论故事的开端"What happened to Wu Yifan? What's the dog's name? How did Wu Yifan meet Max?"，接着教师可以让学生继续看图（见图2），预测故事的内容"What will happen next?"，并猜一猜故事的发展顺序。教师接下来会要求学生阅读吴一凡的日记后给图片排序，学生就会带着期待去阅读文章，会努力为刚才的预测寻找证据，注意力也将更加集中在文中的重要内容上。这样的阅读过程就会变成一个积极主动的过程，无论答案和学生最先预测的是否一样，都会加深学生对原文的理解。

图1　PEP B8 Unit 3 Read and write P28课文插图

图2　PEP B8 Unit 3 Read and write P29课文插图

（二）阅读中深剖细究

深刻性思维是指思维活动的抽象和逻辑推理水平，主要表现为能分析问题，善于抓住事物的本质和规律。培养思维的深刻性应该注意增强问题意识，凡事都要去问为什么。在英语课堂上，教师要为学生提供广泛的思维空间，让学生学会提问，学会剖析，追根究底。

1. 学会提问，小组互助释疑

疑问是思维的契机，培养学生的思维能力除了依靠教师设计有逻辑性、有创造性的问题之外，我们还应该从教会学生提问开始，把提问的主动权还给学生，还要借用学生的问题充分发挥学生的主动性，鼓励他们有自我思考和自我表达的欲望。因此，我们要鼓励并引导学生边阅读边思考，从两个不同的层面提出问题。第一个层面是找出自己不会读、不懂含义的部分；第二个层面是提出想了解的、具有思考性的问题，这些问题可以针对文本内容，也可以针对作者观点等。然后，教师让学生在小组里面互助释疑，解决比较简单的内容，如果还有疑问没能在小组里得到解答，就可以拿出来在课堂上提问，最后从其他同学和老师那里得到答案。在这一过程中，学生的思绪在不懂和已知、不懂和获知、寻答和理解之间不断地跳跃，思维能力得到了培养。

2. 学会剖析，培养深度思维

在英语阅读中，教师设置的问题是学生进行深度学习的关键所在。如果我们总是提出一些让学生能够寻找到特定信息的问题，这对学生思维品质发展的意义就不大了。教师要结合文本内容，对学生提出一些深刻的问题，这些问题需要学生努力地去分析和推理、探索和发现。

例如，广东省特级教师、广东省名师工作室主持人陈磊老师执教了PEP Book 6 Unit 4 When is the art show？ B Read and write *Two new kittens*的阅读课，让笔者印象非常深刻。这节课的教学内容是四篇日记，分别记录了小猫不同时期的成长过程，每篇日记的内容既相对独立又密切联系。陈磊老师抓住了教材内容的特点，采用了Jigsaw Reading的教学策略，拆分文本内容，让学生先阅读每个片段，引导学生进行碎片信息的分析和推敲，最后老师和学生一起整理出小猫的成长路径，完整地还原了文本材料。这样让每位学生都能参与其中，并有效地培养了学生的逻辑思维能力。

在这个过程中，陈老师不断地通过问题引导，引导学生一步步理解内容。在第二则日记中出现了"They make noises when they are hungry."这个内容。许多老师在处理这个难点时，比较重视make noises这个短语的发音，也能让学生理解"Why do they make noises? Because they are hungry."的意思。但我们注意到这种理解只是停留在句子的表面。陈老师在引导学生交流这则日记时，却更能关注文本的深层含义，她询问学生："Why do they make noises when they are hungry?"有的学生回答："Because they want to eat."于是陈老师进一步结合"The kittens are six days old."这个句子再让学生思考，引导学生意识到"Because they can't speak now."整个过程中，老师的问题引导起到了重要的作用，学生更能挣脱思维缰绳，深入地理解文本。

（三）阅读后人本链接

思维的广阔性是指善于从全局出发，从事物多种多样的联系和关系中认识事物的本质，包括视觉的多角度、思维方式方法的多角度、思想观念的多角度。在阅读教学中，教师要鼓励学生用自己的看法去分析问题和评价事物，从而提炼自我观点，促使学生与文本充分融合。在深入理解的基础上，品味文本意蕴并拓展文本价值，引发语点迁移，从而在情感上内化和提升，促进思维的运动和发展。

1. 广度思维，提炼自我观点

PEP教材的阅读文本都包含了一定的教育思想，教师要找准切入点进行挖掘，并结合学生的实际情况，从多个角度出发，启发他们的广度思维，提炼和深化文本的人文思想。老师甚至可以让学生结合自己的生活经验和情感对阅读材料中的人物或事情做一些讨论、思考和评价。要求学生阐释自己的观点，其关键是让学生与文本产生共鸣或分歧，受到感染和教育，从而挖掘文本价值，促进人文升华。不同的学生由于对文本人物行为有着不同的理解，因此对于情感教育的延伸也就不尽相同。在大方向正确的前提下，教师要允许学生有不同观点的表达。

例如，PEP B8 Unit 4 Then and now C Story time的文本的语境是Zoom 和Zip在看杂志，边看边进行交流。故事主要通过人类烹调方式、地球环境以及鲸鱼古今未来的变化，告诉孩子保护环境的重要性："Heal the world! Make it a better place!"教师可以让学生联系自己的生活实际，发表自己的看法，并对其进行保护环境、热爱家乡的教育。

T: Why should we keep our city clean? What should we do to keep it clean?

S1：Because it's good for our life and health.

Ss：We should clean our school.

We should put the sharing bike in the right place.

Don't walk or sit on the grass.

又例如PEP B8 Unit 3 Where did you go? B Read and write的阅读文本。这是Wu Yifan的日记，他在日记里面描述了这一天发生在他们一家的三件好事和两件坏事，文本阅读要帮助学生建立事物都有两面的概念。教师在教学的最后可以引导学生讨论：What would you do if something bad happened? 让孩子们通过交流，懂得"Life is full of good news and bad news. We should try hard to change the bad news into good news." 好事坏事没有绝对，可以相互转换，我们要以乐观的心态面对生活。

PEP B7 Recycle 2的阅读文本 "At Ken's house， his father tells a story"。故事讲述了一个富有的商人给工人、教练和渔民三粒种子，看他们谁能种出最漂亮的花。最后只有渔民没能种出花，但他却因为诚实而获得了金钱，因为商人给他们的种子是坏的。教师可以让学生各抒己见，谈论对故事中人物的看法。有的学生赞赏了渔民的诚实；有的学生认为工人和教练虽然不诚实，但最后都感到了羞愧，认识到了错误；有的学生觉得富商能够说到做到……显然学生在表达和交流观点的时候也在不断地建构自己的人生观和世界观，这种自我的品德教育更加深刻和牢固。

T：Talk about the businessman，the factory worker，the coach and the fisherman. What do you think of them?

S1：I think the fisherman is good. He is honest. He can get the money.

S2：I don't like the factory worker or the coach. Because they do not tell the truth.

S3：I like the businessman. I should work hard now. And I want to be a rich businessman one day.

S4：...

2. 思考内化，感悟促进升华

言语是人们思想情感的反映。在英语阅读课上，我们要促使学生融入文本，潜移默化地让学生体会文本语言表达的情感，当学生的思想感情能通过自我表达自然地流露出来，让听者理解、明白和感动时，这就是语言色彩的提升，是对原有认识的延拓，从而创造一个新的层面上的认知，是一种思考后的感悟。

例如，东莞市南城区英语教研员董剑老师的一节综合读写课PEP B6 Unit 2 My favorite season B Read and write，文本的题目是Robin likes them all！教材内容是一段由机器人Robin串联起来围绕四季展开描述的语篇，主要涉及天气、景物、颜色等方面内容。董剑老师的课堂非常真实自然，贴近学生生活实际，具有真情实感。让笔者尤为感动的是，老师在朗读"What lovely colors！The leaves fall and fall and fall. I love fall."时，他通过示范着重强调了四个fall以及lovely和love的不同读法，这让学生身临其境，感受到了秋天落叶的美丽以及对秋天的喜爱之情，使学生沉浸于文本阅读中。自然而然，学生在接下来的朗读便有了理解，能够有感而发。在最后的环节，老师配乐示范朗读自己写的有关季节的诗歌，通过乐曲的渲染、音调的高低以及自我情感的表达，使学生感受到多姿多彩的四季。孩子们纷纷结合自己的理解和真实的感受，创作出描述自己最喜欢的季节的一首首诗歌，并和大家一起分享。孩子们会思考、会内化、会表达，情感自然流露，最后得到了升华，达到言为心声！

四、结语

发展学生的思维品质是英语教学的重要目标之一，也是培养学生核心素养的关键内容。这是一个长期的过程。在小学英语阅读课堂中，教师应该创造性地运用教材，在读前、读中和读后三个阶段采用科学合理的教学策略，把语言学习和思维训练紧密地结合在一起，帮助学生形成必备的品格和关键的能力。

参考文献

［1］中华人民共和国教育部.教育部关于全面深化课程改革 落实立德树人根本任务的意见（教基二［2014］4号）［Z］.2014.

［2］中华人民共和国教育部.义务教育英语课程标准（2011年版）［S］. 北京：北京师范大学出版社，2012：2.

活化语音教学模式，打造小学英语生命课堂

汕头市丹霞小学 卢省吾

小学英语课堂教学要满足学生身心发展需求，要以发展学生的自主性、探究性、合作性学习为主体，既要深耕语言技能，又要深耕学习策略，更要发展学生的思维能力。教师应组织多种形式的课堂互动，鼓励学生通过观察、模仿、比较、体验、探究、展示等方式习得语言，不断拓展学生认知、体验、感悟的方式和空间，形成涌动着生命活力的生命课堂。

语音学习是小学英语教学的重要任务之一，它直接关系和影响小学英语教学目标的实现，也直接关系到学生对字母、词汇和句型的掌握和运用，关系到学生听说读写等语言能力的发展，更与学生思维能力的发展息息相关。义务教育阶段的英语语音教程具有工具性和人文性双重性质，实际上就是素质教育理念在语言课程中的具体落实。

语音课以培养学生的拼写能力和拼读能力为主要教学目标，引导学生认知单词的发音和词形特征，能够帮助孩子快速记忆单词，提高阅读能力与理解能力。教师如果能创设有趣的情境，让孩子们在玩中学，在做中学，让孩子们做到"见词能读、听音能写"，孩子们习得英语知识的效果将事半功倍，思维能力也会得到发展和提高！活化语音课教学模式，把语音课打造成可以为学生提供生生不息的知识、能力、思维养分的生命课堂，具有十分重要的意义。

一、突出学生主体，激发语言表达的主动性

Harmer（2010）认为，"学生之所以对所学知识掌握得不牢固，是因为他们没有全身心地投入学习中。"[1]可见，激发学生的学习兴趣和求知欲，

促使学生参与课堂活动，在英语课堂上尤为重要。

1. 热身环节来调动，以旧带新促表达

教师可以在热身环节设计不同的活动，激发学生对所学语言材料的兴趣。这需要教师在课前充分了解和分析学生学情。教师要根据学生的年龄特点，了解学生的兴趣点及已掌握的知识，预测学生能说什么，以旧带新，消除学生的畏难情绪，促使学生勇敢表达自己的观点，时刻为学生营造"There is no wrong answer."的轻松、安全的学习氛围。

比如，在上a-e组合发音一课时，我们可以在导入环节设计一个"火眼金睛"的游戏。学生在此之前已经学习过字母a的短元音发音，教师先举出一些CVC结构的单词，比如bag、cat等，教师将单词打在屏幕上，学生能够轻而易举地大声读出单词。再由这个环节过渡到头脑风暴的活动。教师用这样的语言鼓励孩子尽情地说："孩子们，我们发现这些单词都有一个怎样的特点啊？""嗯，很棒，它们都是由两个辅音朋友把a紧紧保护起来的。它们手拉着手，a高兴地发出了什么样的声音呢？""大家能不能再给老师举出一些这样的好朋友组合呢？自己编出来的也可以哦。"教师用带着童趣的语言，深深地将孩子们的注意力吸引住了。孩子们启动头脑风暴，消除畏惧，大胆地与老师同学互动。

教师以旧带新，接着就可以跟孩子们聊聊新知识了："当这些好朋友组合开开心心地在一起时，来了一个魔法师，我们叫它Magic E。它一来，吓得a的声音都变了……"

课前热身、复习的环节是非常重要的，教师要将它变成课堂的一个亮点，利用它来抓住学生的眼球，拨动他们的心弦。

2. 创设主题情境，入情入境更主动

真实情境的创设能让学生有机会运用所学的语言进行交际，引导学生主动地、积极地加入课堂活动，达到提高课堂效率的目的。教师所创设的情境应当比较自然、真实，这才能吸引学生不知不觉地融入语言环境中，并主动习得语言、运用语言。在自然拼读法的教学过程中，教师如果将字母的发音孤立而生硬地进行引入和操练，学生在学习过程中会觉得枯燥无味，无法体会学习的乐趣，学习可能事倍功半。

如果在自然拼读法的教学过程中创设一个符合学生年龄、认知水平和兴趣爱好的语境，通过有意义的语言输入来激活有意义的语言输出，我们的教学会事半功倍！

举个例子，在教PEP五年级上册第五单元"ay"和"ai"字母组合的发音时，老师可以为孩子们创设一个这样的情境，将整节课要学的内容串联起来：Dave is a boy. One day, he is going to the party. He wants to take the train. But it's rainy. 在这里，老师可以引导学生初步感知train和rain这两个关键词带有/eI/的发音，发现字母组合"ai"发/eI/的音。接着，老师可以指导学生帮助Dave完成任务，让他顺利赶上火车，赶到朋友家参加聚会。学生将带着目标完成单词拼读、找规律、按规律填字母组合的任务。

有了教师创设的这个情境，知识的呈现不是简单孤立的，学生的认知过程也变得丰富而有趣。

二、引导观察预测，自主学习能力逐渐加强

在语音课堂上，教师可以通过引导学生观察，让学生自己去发现和总结语音的规律。这就需要我们给予学生足够的信息量，教师给学生搭的语言支架越足，学生越容易去发现规律，提高学习能力，从而达到"授之以渔"的目的。

1. 引导观察，发现规律

在教字母"e"在单词中的短元音发音这一课时，我们可以编出这样一个小故事：Hen is red. Hen has yellow legs. Yellow Fox likes eggs. Eh，eh，eh，eh，eh... Yellow Fox goes to the pen. Help，help！Help Hen get the eggs. Let's say：Yellow Fox，go away. 教师可以自己先绘声绘色地将故事讲给学生听。学生在听故事的过程中，感知到故事里有很多带有"e"的单词，然后发现这个字母发了/e/的音。整节课可以围绕这个故事展开，进行教学。学生自己进行故事阅读之后，教师一步一步地引导学生去观察：哪些单词带了e？这些e在单词中的发音是什么？你能准确地读出来吗？你发现了什么发音规律？根据这个规律，你能试着读出其他单词吗？

2. 大量输入，增强记忆

在教学过程中，只有在大量信息输入的情况下才能有较好的信息输出。在语音教学中，教师可以超越教材，尽量加大信息输入量。这样做不仅有利于激发学生的学习兴趣，满足学生的求知欲，还有利于扩大学生的知识面，增强学生的记忆。学生具有很大的潜能，只要教师能根据学生的实际，精心

设计教学内容，科学合理地安排教学时间，就能取得理想的教学效果，不能因为顾忌学生接受不了而裹足不前。

小学生活泼好动，特别喜欢朗朗上口、节奏感强的童谣、歌曲等，如果教师能把语音教学内容编成歌谣，学生在唱唱练练中就可以很容易地将有关发音记住了，好的节奏和韵律能帮助孩子们更好地记忆。

如以下这首配着音乐和节奏的歌谣，节奏明快简洁，动画内容简单，发音规律明显，学生接触之后，马上发现规律：字母"e"的发音是/e/，印象深刻。

/e/，/e/，/e/，/e/，/e/，elephant，

/e/，/e/，/e/，/e/，/e/，elbow.

在教学生字母"i"的短元音发音时，教师可用这首Chant来引入，并配上小猪头饰进行表演：

Big pig，big pig.

Sit，sit，sit.

The pig says /ɪ/，/ɪ/，/ɪ/.

The pig is big，big，big.

3. 梯度操练，运用规律

教师为学生设计的自然拼读练习，除了量要适度，设计要全面，还应注意在难度上必须具有一定的梯度，达到真实有效地培养学生的语音意识的目的。教师可以让学生听单词，找出某个音在单词中的位置，培养学生的音位意识；可以呈现生词，让学生拼读，培养拼读意识；也可以通过玩游戏，提高学生的拆音、辨音能力。操练的形式应该多样化，目的明确，从易到难。

在实施素质教育过程中，教师要注重培养学生自主学习的能力，促使学生在教学活动中自主去探索、去思考，达到最佳的教学效果。

三、学语音融绘本，提升阅读素养

朱永新老师曾在他的讲座"阅读的力量"中说道：

"一个人的精神发育史就是他的阅读史。"

"一个没有阅读的学校永远不可能有真正的教育。"

可见，阅读对孩子健康成长非常重要。在英语学习上，阅读同样非常重要。英语阅读可以提高孩子对语言的兴趣，扩大孩子的知识面；阅读可以帮助孩子扩大词汇量，知道这些单词怎么用；阅读还可以增加孩子对英语国家

文化背景的了解；最重要的是，通过大量的阅读，孩子会形成良好的语感。总而言之，阅读是英语生命课堂可持续发展的动力。语音课的最终目的就是为学生能够阅读英语文章扫除障碍，培养学生阅读英语文章的兴趣，提高学生信心和阅读水平。

1. 绘本教材相融合

语音课如果只有听音选词、排序、归类等活动的话，明显趣味性不足。如果在语音课上利用绘本，让学生在有趣的故事中感知、体验、运用，这不仅可以实现语音学习的目的，培养语言意识，还能为培养学生的阅读习惯，提高学生的阅读能力打下基础。

例如，PEP五年级上册Unit 2 A Let's spell板块学习字母组合ea的发音。教材只提供了几个例词，内容单薄且彼此没有关联。教师可以结合绘本 *A pea in the sea*，让学生通过阅读绘本，充分感知ea组合的发音，并且得到阅读方面的锻炼。故事文本如下：

The peacock drops her pea in the sea.

It's not easy to pick up the pea.

The peacock goes to Mr Flea.

Mr Flea jumps into the sea.

But he can't find the pea.

Mr Flea drinks up all the water in the sea.

Now the peacock has her pea.

And Mr Flea has a cup of tea.

该绘本故事情节有趣，语言富有韵律，阅读难度适合五年级的孩子。通过孔雀和跳蚤先生的故事，作者把含有ea的词语置于其中，如peacock、sea、pea等。在学习教材中ea发音后，在语言产出阶段融入绘本学习，这既可以帮助学生巩固该组合发音，又能让学生在语境中完成音、形、意、理解四个方面的匹配。绘本阅读，让拼读有了意义，且学生喜欢重复阅读有趣的小故事，重复阅读能提高阅读流畅度和理解力。

"绘本与教材的融合为语言学习提供了真实的语境和丰富的语篇。语言学习是通过在语境中学习有主题意义的语篇实现的。"（程晓堂，2018）[2]

2. 课后拓展导阅读

我建议教师为各个年级的学生推荐不同难度的英语绘本，以满足不同学生的阅读需求；还要设立一定的阅读时间，组织学生集体阅读或开展同伴阅读，两人或多人共读能提高学生阅读的自觉性，降低学生对生词的焦虑，因为他们可以互相讨论，互相提示。

教师可以组织学生进行一些常规的英语活动，比如：每节语音课都让学生阅读一本电子书，每周举行一次阅读竞赛，一个单元进行一次朗读比赛，每个月举行一次绘本表演等形式丰富的阅读活动，营造浓厚的阅读氛围，影响和推动学生阅读，激发全体学生爱好阅读，从而养成影响孩子一生的好习惯。

3. 善用评价手段

要保持学生持久的阅读兴趣，教师还需要采用合理的评价手段来激励。在评价时要发挥学生的作用，让他们进行自评和互评。评价可以结合各种阅读活动进行，也可以采用评价表对学生长期的阅读活动进行评价。如记录每周阅读篇目、时间，进行自我评价，调整自己的阅读计划。又如，评选阅读之星、表演之星、拼读大王、最佳朗读者等。

英语阅读的活动给学生提供了一个学习英语、使用英语的机会。教师应当从学生初接触英语起就做出正确的引导，有意识地为学生设计一套合适的阅读计划，培养学生正确的阅读习惯，逐渐提高学生的阅读理解能力。

四、深耕学习策略，培养思维能力

"语言是思维的载体，学习和使用语言需要思维的参与，语言的学习和使用也能促进思维的发展。"（程晓堂，2015）[3]在语音教学课堂上，教师可以利用形式丰富的课堂活动，有意识地培养学生的发散思维、逻辑思维、推理创造性思维等能力，提高学生的思维品质。

1. 多种教学策略，调动学生思维

在语音课上，教师通过展示例词，让学生发现读音规律，这就是一种培养学生推理能力的很好的方式。比如，教师将学生学过的单词"pen，red，hen，leg"呈现出来，学生朗读之后，教师画出字母"e"，学生即可以推断出它的发音是/e/。

教师展示一些单词，让学生根据发音规则归类，或找出字母组合发音相同的单词，这可以培养学生的逻辑思维。在教字母组合"ai"和"ay"的发音规律时，学生通过观察例词，比较两个组合在单词中位置的不同，这也是在训练学生的思维能力。

我们还可以设计一些练习，比如：制作拼读卡、给故事设计结尾、编Chant等，培养学生的创造能力。

2. 深挖文本内涵，运用任务驱动

来自培生英语阅读街的这本绘本——*Sam*，非常适合PEP Book 2 三年级下册 Unit 6 A Let's spell 的内容，结合教材内容（复习五个元音字母的短元音发音）让学生进行阅读。以下是这本绘本的文本：

Sam can quack.

Sam can come to Jack.

Sam can go that way on the rug.

Sam can swim in the tub.

Sam can have a snack.

绘本中那只萌萌的小黄鸭Sam深受孩子们的喜爱。教师可以为孩子们设计以下几个阅读任务：

任务一：Turn to page 4. Find out all the short words that have the pronunciation /æ/ and say them out. 让孩子们找出带a的短元音发音的词语，这样就复习了这个语音知识，将学过的知识运用起来，提高了学生运用语言的成就感。同样，教师可以让孩子们继续找出带有其他短元音发音的单词，培养孩子们的分析、分类、总结能力。

任务二：What does Jack know about Sam? Copy the web on your paper. Point to the circle as you tell your answers to your group mates. 这个任务是让学生在纸上画出一个关系网图，将Sam能做的事情填写在圆圈里。让孩子们在小组里分享自己写出来的结果，这样的任务驱使学生运用语言，与小伙伴们分享阅读的成果，学会倾听，学会表达。

任务三：Why do you think Jack chose a duck as a pet? 这是一个开放式的问题。选择鸭子作为宠物的并不多见，孩子们觉得很新奇，一人一个想法，大胆地猜测，说出很多不同的答案。学生的发散思维得到了培养。

从上面的案例可以看出，自然拼读法的教学过程也可以对学生进行思维方式的训练，用丰富多彩的活动，将语言的运用和思维能力的培养有机地结合到一起，具有较强的趣味性，提高了学生参与的广度和深度。

最新颁发的《中国学生发展核心素养》中明确指出，以培养"全面发展的人"为核心，英语课程承担着培养学生基本英语素养和发展学生思维能力的任务，英语课程承担着提高学生综合人文素养的任务。活化语音课模式，就是教师在开展语音教学的时候，创设民主、宽松、和谐融洽的教学气氛，鼓励学生大胆质疑、乐于思考，要利用发掘到的资源，全面而细致地培养学生各方面的能力，使学生通过英语课程开阔视野，丰富生活经历，形成跨文化意识，增强爱国主义精神，发展创新能力，形成良好的品格和正确的人生观与价值观。

参考文献

［1］HARMER J.How to teach English ［M］.北京：外语教学与研究出版社，2000．

［2］程晓堂.基于主题意义探究的英语教学理念与实践 ［J］.中小学外语教学（中学篇），2018（10）．

［3］程晓堂.英语学习对发展学生思维能力的作用 ［J］.课程·教材·教法，2015（6）．

让综合素养在生态课堂中"开花结果"

汕头市金珠小学 元梓娟

生态课堂是从属于教育生态学的概念，其要点集中于"生态"一词，生态即自然中生物生存的系统，它具有整体性、开放性、可持续发展性等特点。教育学者从人类生存的生态系统中汲取灵感，寻找其与教育的融合点，改变原有的教学观念，让学生在创设的良好的课堂环境里，自然和谐、自由地成长发展，强调以人为本，力求培养学生可持续学习的能力并兼顾学生的个性发展，拓展思维。在新课改盛行的今天，它为小学英语教学的革新与发展提供了全新视角，更以其科学独特的实施理念成为现代英语课堂教学的理想选择。

一、构建自由和谐的课堂

传统教学的英语课堂上，教师以讲授为主，教学方法单一，在整个课堂中充分占据主动权，牢牢控制教学目标、内容、方法和过程，教学手段程序化和模式化。平等性的缺失及淡薄的学习自主性使得学科学习索然无味，学生只是机械跟随教师指令行动，没有更多的选择及展示的机会。在这样的课堂中，能力培养被忽视，成绩提升是老师牢记的教学信条。这样课堂下的学生，学习兴趣低，语言表达能力弱，更谈不上思维的发展。

生态教育理念影响下的课堂是师生之间相互作用的桥梁，是将其和学科融合在一起的微观环境。正处于语言启蒙时期的学生，不应该被束缚想说、要说和好说的欲望，教师应重视语言学习的实践和运用能力的发展，结合教材内容积极设置贴近实际生活及兴趣点的活动。教师不仅要面向全体，还要关注学习者的不同特点并尊重个体差异，张弛有度地遵从教与学的需求，为教学提供贴近学生生活、贴近时代的学习资源，使学生拥有学习的主动权和选择权。情境变得丰富，课堂就会活泼有趣，教师不再是知识的灌输者，而是学生知识习得、内化的引领者。在这样愉悦的教学环境中，学生必将更加积极主动地参与到学习活动中来。

二、构建平等关系的课堂

在传统的课堂上，教师有绝对的权威。英语并非我们的母语，其语法规则及语言习惯与汉语存在差异。因此，学生在学习英语时会存在各种各样的问题，而部分能力强的学生活跃积极，老师会给予更多的关注，学习能力弱的学生不敢表达、羞于开口甚至保持沉默，长此以往，恶性循环，他们成为英语课堂的边缘人。在生态课堂中，教师以学生为中心，构建一个自主学习的课堂，因材施教，根据不同学生的性格和潜能，选择最佳的教学方法，这将不断地激发学生的学习意愿和自主学习能力。教师采用更多新颖有趣又行之有效的方法激发学生英语学习的兴趣，并针对学习内容和难度分割成不同模块，由此提升学生的课堂参与度，力求让每个学生都能在课堂中有所表现，拥有表达自我的机会，让课堂成为师生关系如鱼水般和谐的浩瀚大海。

三、构建多元化的课堂

1. 教学方式多元化

在科技高速发展的今天，多媒体技术使教学手段更加丰富多彩。多媒体技术走进课堂，带来的是教学方式的转变。它以动画、影音、微课等多种形式向学生展示语音语调及西方国家的文化和传统，由此激发学生的学习兴趣，辅助学生更好地理解英语知识。如，小学英语教师在课堂教学中利用多媒体、录像等现代化的教学手段，为学生创造一个生动活泼和真实有趣的语言环境。在教授人教版小学英语五年级上册Unit 2 My favourite season A Let's learn一课时，教师利用多媒体播放四季不同的景观和天气，让学生从短片中感受真实的情境。教师根据短片引导学生进行对话训练，让其用学过的句型在模拟的语境中对答，如：Which season do you like best? What can we wear in summer? Do you like swimming in summer? What can we eat in summer? 在多媒体技术的辅助下，学生的注意力被有趣的内容所吸引，在兴趣的驱使下，教师再通过展示不同季节的图片或者情境顺势将新知带入课堂，并通过情境的对话演练，调动了学生的积极性，教学效果更是水到渠成。

2. 学习方式多元化

在传统的英语学习模式中，学生在课堂上接受老师的"满堂灌"，课后做大量的练习题，单一的学习方式并不能让学生对英语学习形成系统的概念，同时缺少真实语境的感知与训练，这导致学生只会学却不会用、不敢用。在英语生态课堂中，教师注重对学生沟通交流和系统思维的培养，因此会通过各种手段让学生了解英语文化背景，帮助学生在脑海中构建英语学习的思维导图，真正做到学为所用。比如在教授四年级英语下册Unit 5 My clothes A Let's learn这一部分内容时，教师可以组织学生开展动手画画的活动。教师鼓励学生根据自己的喜好，挑选skirt、pants、hat等服装，把它们画出来，由自己当设计师进行搭配，放在不同衬景的橱窗或是展柜中，涂上色彩斑斓的颜色。教师还可以把一些新颖和富有创意的画贴到教室的板报上，课余时间，学生在欣赏图画的同时，能够加深对所学单词的认识，这有利于学生对词汇的记忆。这样不仅能激发学生的学习兴趣，还能增强学生动手操作的能力。

3. 核心素养多元化

新课改实施以来，我们的教育不再是单纯培养成绩优异、知识丰富的学生，教师在孜孜不倦地教授学生专业知识的同时，要注重对学生多元核心素养的培养，从知识技能、情感、态度、道德等内容出发，让学生成长为身心健康，有正确的人生观、价值观且有拓展性思维的人。课堂教学是实现教改的重要阵营，未来更多的是学生自我学习和自我价值的创造，俗话说得好："师傅领进门，修行靠个人。"只有掌握了开启知识大门的钥匙，才能不断提升自己的能力。教师需要创设多元的活动方式帮助学生实现知识的主动建构。例如，在学习"autumn"这个单词后，教师可以要求学生对之前学过的"cake""moon"等单词进行复习，最后引导学生思考"moon cake""Mid-Autumn Festival"等引申短语的意思。教师结合生活实际的提问，让学生在感知新知之余愿意积极尝试思考，大胆想象，这有效锻炼了学生的思维能力和提高了他们的自主学习能力。学生也能在真切体验中提升跨文化交际能力。

四、构建发展的生态课堂

1. 结合生活实际，生成课堂资源

情境化的教学手段能够促进自然的生态教学环境的构建。英语作为外来语言，学生对其了解较少且日常使用频率低，因此教师要借助学生已有的知识和经验，借助实物进行教学，从学生的生活实际中寻找中西文化的交融点，从已知过渡到未知，循序渐进，融会贯通。教师在讲解family时，可以让学生带来自己的家庭照片，学生通过介绍自己的家庭成员掌握本节课知识；在学习My favourite food一课时，教师可以适当带来一些食品实物，让学生边看边学。在实际教学过程中，师生之间频繁互动，既能提升学生的课堂参与度，又能让教师及时捕捉到学生的差异思维，这有助于学生发散思维，勇于表达。由此可见，生态化英语课堂是发展的课堂，学生的差异性会使得一节计划好的课程不断生成新的课程情境，促进课程不断发展。

2. 布置课堂环境，增添课程趣味

课堂环境也是生态课堂的组成部分，环境的合理设计对教学活动的效果和质量有着重要的作用。积极愉快的课堂环境能够激发学生的学习兴趣，同时让学生保持良好稳定的学习状态。因此，教师在布置课堂环境时，要从两方面出发进行考虑：一是对教室整体环境的布置，例如：可以在教室的墙壁上张贴一些与短语或单词相关的图片，或是让学生动手制作一些英语海报，由此营造英语学习的氛围；二是在学习合作中，可以通过对教室桌椅的摆放，激起学生的好奇心，让他们感受到英语课堂的与众不同，面对面的形式也更适合学生进行小组交流和活动。采用多样方式布置课堂环境，能为整个英语课程增添趣味，让教学有效开展更具意义。

3. 促进学科融合，推动各科均衡发展

英语知识的学习，其实并不是单纯地只学英语，实际上英语知识往往会被放置在一定的情境中，借助情境让学生学习知识。如在学习"My Favourite Season"时，学生并不是单纯学习季节这个单词。教师授课时往往会让学生进一步描述不同季节的不同特点，由此将英语教学延伸至其他学科中。同样在学习数字时，也是对数学知识的学习。由此可见，在生态英语课堂中，教师会打破学科之间的界限，讲授全面的多样的知识，甚至还会借助其他学科帮助学生学习英语知识。这样的课堂有助于推动学科融合，促进各门学科的

发展。

孔子说："知之者不如好之者，好之者不如乐之者。"对自己感兴趣的内容，孩子总能乐此不疲，学得不亦乐乎。因此，我们要借助生态课堂的可持续发展的原则，顺应生命本质的成长和发展，改变陈旧乏味的教学内容和教条式的教学方式，以全新的教学理念来适应新时期的教学变革，最大限度地给予学生自由，保证每一位学生都能参与到课堂互动中来，通过多样的学习方式，结合学生的生活实际，最终达到激发学生兴趣、提升学生能力、推动学科发展的效果。作为教师，我们应该不断地总结自己的经验，并将其传授给自己的学生，我想这是教科书之外最好的教育材料吧！我们总是在前人的经验上不断改进与进步，学习也是一样的道理。学习没有捷径可言，我们需要在不断总结、分析和改进的道路上一步步收获属于自己的果实。

📇 参考文献

［1］于丹.小学英语生态课堂实施存在的问题与对策研究：以盘锦市X小学为例［D］.锦州：渤海大学，2015.

［2］钱茜茜.小学英语生态课堂的构建［D］.杭州：杭州师范大学，2015.

［3］张红.生态化教学的理论建构［D］.重庆：西南大学，2006.

［4］马展."生态大课堂"中的师生关系研究：基于Z市J中学的实践研究［D］.开封：河南大学，2016.

巧用微课资源，助构小学英语生态课堂

汕头市新乡小学　庄可华

作为一门新兴的教育边缘学科，教育生态学为当前英语教学改革与创新提供了新的视角。生态课堂是回归自然、崇尚自主、整体和谐、交往互动、开放生成和可持续发展的课堂，是学生学习、成长和完善生命发展、提升生命质量的场所，也是教师专业发展走向成熟的舞台。因此，在英语新课程改革不断深化的今天，构建小学英语生态课堂是必然的选择。

近年来，微课一直是教学领域热议的词汇，这种随着科技飞速发展应运而生的资源，在较大程度上对传统的教学模式做出了有益的补充，是构建小学英语生态课堂的有效途径之一。教师如果合理地在小学英语教学中运用微课，让学生通过一种崭新的方式来掌握英语知识，那么它将能够满足广大学生对学习方式多样化的需求，更适合于小学生的认知特点。

一、微课的定义

国内首先将微课用于教育的是广东省佛山市教育局的胡铁生，他认为微课（或微课程）是根据新课程标准和课堂教学实际，以教学视频为主要载体，记录教师在课堂教学中针对某个知识点或教学环节而开展的精彩的教与学活动中所需各种教学资源的有机结合体。总之，微课短而精，专门针对一个知识点，教学目标明确，是一种短小精悍的在线视频资源，是各种教学资源的有机结合，例如微教案、微课件、微反思、微练习等。微课设计的流程一般包括：选取知识点，准备教学素材，设计教学过程，编写脚本，思维展示（如讲授式、互动式、探究式、项目式等），最后可以通过手机、电脑等进行制作及后期编辑处理。它作为一种短小的视频教学资源，具有主题明确、内容精炼、方便下载和观看等特点，对传统教学做出了有益的补充，对帮助构建小学英语生态课堂有着重要的作用。

二、微课在辅助构建小学英语生态课堂中的优缺点

1. 优点

首先，微课呈现的生动画面及精湛简练的语言，增加了教学内容讲解的趣味性。微课的引入丰富了英语课堂的教学资源，能帮助学生增加学习兴趣。其次，巧用微课进行课前自学，能够在后续有限的课堂时间内为师生互动创造更多的时间和空间，增加课堂的互动性。最后，微课通常是围绕某一个重要知识点而成的教学资源，这个特性为因材施教、分层教学提供了可能。在现实教学中，由于课时有限，教师一般是以中等水平的学生为主进行教学设计，这可能会导致优生无法拓展、学困生依然跟不上的尴尬局面。微课的引入能适切地解决这种问题，教师可以准备不同难度系数的微课，可以有基础知识的巩固，也可以有课外知识的拓展，让学生根据自己的需求进行选择性学习，极大程度实现因材施教。这样一来，无论是对于作为课堂生态主体的教师还是学生，他们都会受益颇多。

2. 缺点

首先，网络上优质的微课资源非常少，大部分教师又没有经过专业培训，自己制作的微课或是知识点的复读机，或是语音语调呆板，缺乏必要的情感创设。其次，小学生的学习自主性较低，他们习惯在教师的监督下学习，因此在利用微课进行课前预习或是完成作业时，学生很可能会敷衍了事。

三、微课在小学英语生态课堂中的应用策略

1. 巧用微课进行课前预习

在授新课前的备课中，教师可以制作微课供学生提前预习。微课的时长最好在5—10分钟，教师需要对当节课的英语教学内容进行研究，然后运用符合学生认知水平的故事、情境、生活实例、问题等，制作"导入型"微课，引导学生学习新知。比如，在讲授PEP小学英语六年级上册Unit 3 My weekend plan时，学生刚接触一般将来时这个时态，为了让学生对一般将来时有一个初步宏观的认识，而且避免后面的听说读写课上成语法课，教师可以提前制作一个主要讲解一般将来时be going to用法的微课。笔者尝试过找了几个朋友，

围坐在一起聊聊周末计划，把这个过程拍下来，配以轻松欢快的背景音乐，加上字幕，聊天结束后抛出问题：What are they talking about?　引出Weekend Plan，接着把视频当中人物的周末计划一并列出来：A is going to see a film. B is going to Shanghai to take a trip. 等，最后详细阐述一般将来时的结构及用法，制成My weekend plan第一课时的导入微课。学生们对知识点一目了然，能快速进入学习状态，后续的课堂学习中更能感受到我和学生配合得游刃有余。可见，巧用微课进行预习不仅为授新课奠定了良好的基础，而且能够促进师生互动，让学生活跃的思维碰撞出更璀璨的火花，增强英语课堂的活力。

2. 巧用微课进行重难点知识讲解

在传统的小学英语课堂中，为了能够在有限的课堂时间内完成既定教学任务，教师掌握了课堂大部分的话语权，导致有些学生对一些重难点知识，如单词、句型、时态等难以理解透彻，这大大抑制了生态课堂的发展。微课的选题小，时间短而内容精，用来举例或说明十分直接，非常适合在英语课堂教学中帮助学生突破重难点。笔者之前听过卢老师的一节课，她上的是PEP六年级下册Unit 3 Where did you go?　B Let's talk的内容，对话中有一句话Can I see your pictures sometime?　这里的新词sometime跟以前学过的sometimes形似，可是意思完全不一样，学生很难理解，不易分辨。于是，卢老师在讲到这个词的时候提前制作了一个微课，设计了两个学生上学路上的对话：

A：Hello!

B：Hi!　What are you going to do this weekend?

A：I have no idea. What about you?

B：I'm going to see a film.

A：When are you going to see the film?

B：Sometime this weekend.

A：Really?　Sounds great!

B：Do you see a film on the weekend?

A：Yes.

B：How often?

A：Sometimes.

B：Why not see a film together this weekend?

A：Good idea!

情境式的导入可以引导学生在真实情境中根据上下文来推测sometime的意思，还有其跟sometimes的区别。教师通过制作这一微课，帮助学生快速梳理这一难点，避免课堂上出现"时间少任务紧，重难点一带而过"的问题，有效地提高了课堂教学成效。

3. 巧用微课进行课后辅导

在小学英语课堂教学中，训练学生的听说读写能力尤其重要，但是教师很难在有限的课堂时间里面面俱到。因此，在课后辅导环节，教师可以设计一些听力、口语表达、阅读、写作等方面的技巧指导类的微课，也可以将课堂所学英语知识进行总结制成总结性微课，然后通过网络交流平台向学生传输，辅助学生课后的英语学习。教师可以根据学生的实际水平，将微课设置为基础篇、提高篇和拓展篇，让学生根据自身需求，选择适合自己的微课资源进行学习。实际上，这不只是学生接受语言知识点的过程，更是每个学生追求主动发展、主动探究，以提高综合语言运用能力的过程。微课在课后辅导中所辐射出来的作用，为学生下节课的学习奠定了良好的基础，学生有知识储备，能在教师的循循引导下，积极主动发言，从而促进师生、生生互动与交流，如此一来良性循环，帮助学生成为善于思考、积极主动参与人际交往的人。

四、结语

在小学英语教学中运用微课，既是时代发展的必然趋势，又能使学生们在轻松愉快的教学环境和课堂氛围中有所收获，自由地成长。在具体的教学中，教师要将传统的教师讲授、微课、课堂活动有机结合，充分发挥微课的优势，把"促进学生的可持续性发展"作为课堂教学的出发点和归宿，让师生间形成一种和谐的生态关系，促进师生共同成长，从而实现教学的可持续发展。

参考文献

［1］李森，王牧华，张家军.课堂生态论：和谐与创造［M］.北京：人民教育出版社，2011.

［2］胡铁生，黄明燕，李民.我国微课发展的三个阶段及其启示［J］.远程教育杂志，2013（4）：36-42.

构建良好英语教学生态，发展学生学习能力

汕头市龙湖区绿茵小学　林祥鹏

《国家中长期教育改革和发展规划纲要（2010—2020年）》中指出我国"教育观念相对落后，内容方法比较陈旧，中小学生课业负担过重，素质教育推进困难"。从中我们可以看出，现在的英语教学对于学生学习能力的发展来说，存在诸多不利因素，例如"过多强调语言知识的传授，忽略学生思维的发展"；"过分强调语法和词汇知识的讲解与传授，忽视学生实际语言运用能力的培养"。在这个大前提下，构建良好的英语教学生态显得尤为重要。作为一门新兴的教育边缘学科，教育生态学让我们从一个新的角度来看英语教学改革与创新。本文将从构建英语教学生态的角度出发，谈谈学生学习能力的发展。

一、何谓"生态"，何谓"英语教学生态"？

现在人们常说"生态"这个概念，例如：音乐界有原生态唱法，有的森林是生态林，等等。其实，"生态"一词源于古希腊语，指一切生物的生存状态，以及它们之间和它们与环境环环相扣的关系。从教育学的角度来看，"生态教学"是一个新的概念。它是一个人一生中顺应自然的人性教育，是全社会自觉形成的一种人生态度，它是今天的终身教育观。就英语学科而言，在我的理解中，"英语教学生态"应该强调学生在学习中学到的不只是语言知识与语言技能，而是在学习知识与技能的同时，能够接受良好的文化熏陶，借助教材内容拓宽视野，培养跨文化意识，在合作中学习，互相取长补短，采众人之长为己所用，达到"知其然，更知其所以然"的目的。在教学中，教师应该不断根据学生的学习情况调整教学计划，更新教学观念，不

断发现和完善自身教学中存在的问题，从而实现师生"共同学习，共同进步"的目标，使教师的"教"与学生的"学"都能"生生不息"地可持续发展。

二、构建良好英语教学生态对学生学习能力发展的意义

良好的英语教学生态，不仅让学生学到语言，更让学生学会运用语言，用合适的语言表达自己的所思所想，促进学生表达能力的提高，有利于学生沟通能力的培养，激发学生的表达欲望，减少学生与学生之间、学生与教师之间的误解，让师生关系更加密切，让教师更有欲望去探索新的教学模式，学生更有学习的动力，社会更加和谐。由此，我们可以看出，构建良好的英语教学生态不仅影响学生的学习能力，而且影响学生的人生观、价值观。

基于此，我们应该如何构建良好的英语教学生态呢？下面我们来看一看构建良好英语教学生态的策略。

三. 构建良好英语教学生态的策略

1. 正确定位师生地位，活用教材，激发学生学习欲望

一直以来，我们倡导"以学生为主体，教师为主导"的教学环境。在英语教学生态中，这种教学环境显得尤为重要。因为教学的主要对象是学生，教师在教学中不应该是"主角"，应该起"导演"或"导流"的作用。在教学中，如果以教师为主体，一切以教师为中心，就会出现"教师教什么，学生就学什么；教师要学生学什么，学生就必须学什么"的怪现象。这样一来，学生的视野将被限制，思维被固化，学生的学习能力又将如何提高？基于"英语生态教学"培养学生可持续学习的目的，我们可以依托课程资源引起学生的注意和思想的共鸣，为学生创设共同话题，引发学生思考，让学生愿意表达。

过去，"教科书是学生的世界"，教师把"教教材"作为教学的重点，认为只要把教材中涉及的知识点讲全、讲深、讲透、讲细即可。新的课程观认为"世界是学生的教科书"，新教材具有开放性的特点，教材只是为我们的教学搭建框架，教师应该以此框架为基础，带领学生学习文本、超出文本，然后再次回归文本。因此，我们应该更多地关注如何有效利用教材去教，因时因地开发和利用课程资源，注重联系社会变革和学生生活实际。

以我们小学英语的Let's talk课型为例，Let's talk我们一般定义为会话

课，教材为我们提供一组围绕着某一话题展开的对话，其中会呈现本单元的核心句子。不同的教师对教材的处理各不相同，一部分教师注重核心句子的操练，将对话中的核心句子提取出来，然后组织学生通过不同的方式进行操练和关键词替换，再讲解句子的意思和用法。通过一节课的操练，大部分学生能够理解核心句子的意思，但老师们有没有想过，在实际生活中学生是否能够用这个句子来表达自己的意愿呢？从知识传授的角度来说，学生能够扎实地学会本课时的核心句型，却未必能形成运用语言的技能，也就是说学生的思维没有得到有效的发展，学生的学习能力也没有得到充分的发展。因此，会话课应该以课文中的情境为铺垫，从课文中的话题情境出发，以文中的核心句子为基础进行操练，将课文中的辅助语言作为提升，充实学生的语言，教师应指导学生将话题延伸到自己的生活中，谈谈自己对本话题的见解、感受及想法，使学生能够围绕教学的主题开展有内容、有意义、真实的会话。

2. 注重学生思维发展，引导学生从浅层记忆走向深层理解

《义务教育英语课程标准（2011年版）》指出："英语课程承担着培养学生基本英语素养和发展学生思维能力的任务，即学生通过英语课程掌握基本的英语语言知识，发展基本的英语听、说、读、写技能，初步形成用英语与他人交流的能力，进一步促进思维能力的发展，为今后继续学习英语和用英语学习其他相关学科文化知识奠定基础。"就英语学科而言，我们的学科核心素养定义为：语言能力、文化意识、思维品质和学习能力这四个方面。思维品质指人的个性思维特征，反映了其思维的逻辑性、批判性、创造性等方面所表现的水平和特点。这些因素会影响到学生学习能力的发展，在构建英语教学生态的时候，我们必须有意识地将这些因素考虑其中，有意识地引导学生的思维从浅层记忆走向深层理解。在日常教学中，我们可以从以下几个方面做起：

（1）观图预测，激活语言

在一节二年级的*Three Fish*语音课上，老师出示图片，让学生做一个预设。老师向学生提问：Where are they? How do they feel? 在学生完成预设后，老师追问：How do you know that? 老师的提问层层递进，引导学生从浅层知识走向深层理解。教师通过预设激活学生已知的相关词汇，为下一步学习奠定基础，同时渗透字母组合发音规律的方法。教师的这种做法体现了学法指导在英语学习中的重要性，同时有助于学生自主学习能力的培养和提高。

（2）读图知意，分析推理

程晓堂教授提倡："把英语学习与思维训练结合，让学生的思维动起来。学习如何思考，在思考中学习。"在一节五年级的阅读课中，老师把视觉与语言教学相结合，这给培养学生"读图"能力做了最好的注脚。课中，老师通过画着树林、河流、人物的图片，把英语学习与学生的生活经验结合起来，引发学生的头脑风暴，激活其大脑的主动认知，并且伴随老师的语言输入，让学生更快更高效地学习语言。老师先让学生观察黑白图片，让学生推测出季节的名称，然后再通过一系列问题，引导学生对图片中的背景、人物及相关内容再次进行细致观察、分析推理，从而获得有价值的信息。老师再根据学生的回答，将重点信息有意识地归类，为最后的输出做铺垫。

这种阅读策略的有效指导对学生来说非常必要。作为老师，对于文字以外的东西，我们要耐心地指导学生去观察分析，从而挖掘文本深层的价值与意义。

（3）激发想象，丰富语言

想象是借助人的大脑开展的一种有意义的思维活动。在一节阅读课上，文本中出现"Robin can't swim."的信息点，老师抓住契机，抛出问题：What can you do for Robin? 鼓励学生跳出文本，大胆想象，促进学生发散性思维的发展。当然，这些带有挑战性的、开放性的问题对学生来说的确具有一定的难度，但为了打开学生的思维，鼓励学生大胆想象、大胆表达自己的意见，这种做法值得尝试。这样，学生的思维活跃了，想象力丰富了，思维能力也就得到了提高。

3.文化引领，发展学生可持续发展的学习能力

在韩山师范学院教师发展中心林浩亮副院长"解密学校文化——漫谈学校文化及其育人功能"的讲座中，他将学校文化的功能概括为"导向、约束、凝聚、激励"四个关键词。学校文化如此，课堂文化亦如此。在我们构建良好英语教学生态的时候，我们同样不能忽视文化在教学中的功能，要将文化渗透于英语教学生态的构建中。

第一，导向是文化建设的重要内容。学校文化是全校师生的行为准则，影响着全校师生的行动及思想。就英语教学生态来说，导向将影响学生的思维方式、学习方法以及学习效率。因此，在教学中，我们要注重学生思维方式、学习方法的指导，从而提高学生的学习效率。于是，在每个班开展教学之初，我都必须利用一节课的时间，向学生详细说明在学习中要注意的事项。例如：课前要做什么样的准备；如何开展预习，并在预习中找到自己的兴趣点或学习难点；课中如何根据预习的内容，与同学们一起开展学习活动，取长补短；课后如何巩固学习内容，拓宽思路，学以致用。其目的在于给学生导向，让学生知道在英语学习中要注意的事项，有的放矢地开展英语学习，使英语教学生态迈出良好的第一步。

第二，约束让学校文化导向功能更具方向性。因为有了导向，所以大家都在朝着相同的方向行进。在这一过程当中，学校文化就约束了个别与导向相悖的行为，不断修正其方向，使其逐步融入学校文化建设之中。在教学生态的构建中，我们的学科特点也是有一定的约束性的，它指引着学科教学正常开展，使我们的英语教学有效开展，让学生在学习文化知识的同时，进行了文化熏陶，锻炼其思维，提升其学习能力，让教学生态得到生生不息的发展，这也是课堂文化建设的体现。

第三，凝聚是体现学校文化成功与否的一个指标。好的学校文化能让人心凝聚，在英语教学生态构建中，正因为中西方文化的差异以及语言交际性的特点，学生们喜欢上这门学科，这也是文化的体现。我们要及时渗透相关知识，提高学生的学习兴趣。例如，学生在学习三年级下册第五单元A部分Let's talk时，Sarah的妈妈对Sarah说："Honey, let's buy some fruit."妈妈用了"honey"一词，学习到这里时，我及时向学生普及了英语国家中一些昵称的用法，除了用"honey"之外，妈妈还可以用"dear""baby"等。通过我的介绍，学生的知识面得到拓展，而且逐步了解了中西方文化的差异之处。

第四，激励是学校文化的重要功能。学校文化中的激励机制让全体教师愿意为学校付出劳动，让学生发自内心地为学校感到自豪。在英语教学中，激励的存在让学生喜欢上这门学科，保持学习热情，这也是学科文化的体现。因此，在英语教学生态的构建中，我们不能忽视激励机制的建设，激励可以是教师对学生一句温暖的提示，可以是一朵小红花，但重要的是构建一套合理的、人性化的评价机制。在评价机制下，学生能够发挥自身所长，能够发现自己的优点，补齐短板，不断地完善自己。

4. 注重合作学习，培养学生良好的人际关系

合作是21世纪公民应有的一种品质，在英语教学生态的构建中，合作学

习是不能被忽视的。通过合作学习，学生不仅提升了语言能力，还在学习中交流了学习方法，也提升了与他人相处的能力。在一节五年级下册Unit 4的阅读课上，老师通过任务引领学生进行合作探讨，让学生有共同的学习目标，在共同学习目标的驱使下，学生的学习便有了动力，从而让课堂有了生命力，也让老师设置的学习任务落到了实地，提高了学生学习的积极性和有效性。在课堂上，老师运用Jigsaw Reading的形式让学生参与阅读活动，学生在小组合作的模式下，对教师所提供的内容进行信息整合。由于学生是第一次进行拼图阅读活动，教师没有急于丢给学生阅读任务，而是先引导学生进行"实验拼图"，拼出第一段文本，为学生之后的自主阅读活动做好准备，为Jigsaw Reading积累经验。在拼图阅读中，教师灵活处理文本，三次拼图任务由易到难，第一次是对课文细节的再构，第二次是对事件发生时间的梳理，最后生生合作复原文本。每一次拼图都进一步加深了学生对文本的理解，培养了学生独立阅读、分析的能力，从而提高了学生阅读的综合能力。

5. 整合网络资源，让教学延伸到课堂之外

21世纪是信息时代，随着网络技术的不断发展，教育教学技术也在不断地发生变化。在信息技术的支撑下，我们的教学不仅仅体现在40分钟的课堂上，而且延伸到学生的课后生活中。学生的学习途径丰富起来了，学生可以通过网络进行网课学习，教师也可以借助各种平台提供的资源组织学生开展线上实时学习。这就要求我们的英语教学生态必须有意识地将网络资源整合起来，让我们的教学生态更加完整。学生因新冠疫情无法到学校上课，线上学习显得尤为关键。如何将我们的教学生态延伸到网络中呢？我觉得要做好以下几个方面：

（1）选好资源，让学习更加有目的

网络资源是海量的，如果教师不加以指导和选择，学生很容易走弯路，找不到适合自己的学习资源。这时候，教师的"主导"地位就充分地显现出来了，教师应该根据本班学生的具体情况，帮助学生选择难度适中的资源，指导学生进行学习。

（2）根据内容，为学生量身定做学习任务

学习资源是保障学生开展线上学习的第一步，有了资源并不等于学生就有学习的动力。在这种情况下，教师需要先熟悉学习内容，并根据学习内容制作与之相对应的学习任务清单，这样才能确保学生能够更有目的地开展学

习活动，促使教学生态的良好运行。

（3）及时反馈，让学生学习更加有效

在教师学习任务清单的指引下，学生有目的地开展线上学习，但为了确保学生学习有质量，这就需要教师及时组织学生进行学习反馈，反馈的形式可以是作业，也可以是组织学生通过QQ群、微信群等途径进行讨论。教师通过反馈检查学生学习的效果，查漏补缺，确保教学生态的循环运行。

英语教学生态的构建，目的在于为学生提供一个更加科学、更加人性化和个性化的学习生态环境，让学生在一个"生生不息"的生态环境中学习，在提升语言能力的同时，开阔视野，促进思维品质的发展，形成可持续发展的学习能力，并且能够终身学习。

参考文献

［1］任玖文.也谈语文公开课的评价［J］.陕西教育（教学版），2009（10）.

［2］曹晔.浅谈小学英语教学中的跨文化意识培养［J］.现代阅读（教育版），2013（4）.

［3］杨焕亮.生态教育策略研究［J］.小学教育科研论坛，2004（2）.

［4］赵诗乐，赵更乐.生态课堂：理念、特征与建构［J］.文学界（理论版），2012（8）.

［5］杜亚丽.中小学生态课堂的理论与实践研究［D］.长春：东北师范大学，2011.

激发学习内驱力，构建英语生态课堂

汕头市新乡小学　许嘉玲

小学英语生态课堂是指在课堂生态系统中，教师和学生之间相互呼应，相互作用，维持生态平衡性，从而产生一种积极的效应。在此系统运行中，学生始终是一个独立完整的个体，教师作为其发展的引导者和促进者，应当遵循学生语言及认知发展的规律，尊重学生能力发展的差异性，从而营造一个和谐、自由、民主的英语学习环境，进而培养学生持续的学习习惯，使学生真正爱上学英语。为此，教师应当激发学生学习英语的内驱力，使其积极主动地参与课堂教学，发挥最大的主观能动性，并逐渐内化成自己的学习特质，让英语生态课堂可持续发展。具体可以从以下几个方面入手。

一、激起兴趣，形成内驱力，促成生态课堂

在小学阶段，学生的好奇心普遍较强，喜欢探索新鲜事物。作为第二语言，英语与母语有着截然不同的发音体系，对于小学生来讲，这是很新鲜的。正如心理学家皮亚杰所说："兴趣是能量的调节者，它的加入便发动了储存在内心的力量。"因此，教师应当在教学过程中注重学生学习兴趣的培养，根据不同的教学内容采取不同的教学方式，比如通过创设真实的语言情境、设计生趣盎然的教学活动、欣赏英文电影片段或歌曲等等，来呵护兴趣这枚"花骨朵"，让其尽情绽放，为调动内驱力提供基础动力，助其迅速增长，给予课堂生态系统运转源源不断的动力。

课堂上每项活动的开展都要以生为本，充分发挥学生的自主性和能动性。在教授PEP Book 2 Unit 3 At the zoo A Let's learn的内容时，笔者通过"At the zoo"这首歌带动学习氛围，随后问学生：Do you like animals? Let's go to the zoo. OK？通过创设"带孩子们一起参观动物园"这样生动有趣且接近生活的情境来引入，学生便对接下来的学习充满期待。随后在"参观"的过程中，笔者采用动物"剪影"和动物叫声的方式让学生来猜测是什么动物，并问："Look！What's that？"通过信息差激起学生探索的欲望和参与的积极性，成功地诱发了学生的好奇心，学生们纷纷举手回答，课堂氛围热烈。在猜测是什么动物的过程中，学生进一步学习目标词汇tall、short、fat、thin的音形义。在这种内驱力的推动下，学生会主动习得语言，自主地与老师形成良性互动，促成英语课堂生态化。

除了在教学过程中点燃学生的兴趣之外，教师也应当注重自身专业素养的不断提升，比如自然的语音面貌和流利的口语表达。在与学生交流的过程中，教师要让其充分感受英语语言的美，激发其审美的兴趣，使其产生强烈的学习欲望，唤起其学习主动性，逐渐形成自主学习的内驱力，由衷地喜欢上这门语言。

二、体验成就感，形成内驱力，稳定生态课堂

成就感是一种积极的情绪体验，是人们实现自我价值、得到认可的心理需求的满足。心理学家认为：儿童的心理发展与成就感有密切的联系，儿童能在克服困难的过程中取得成就感并获得身心的愉悦，从而增强自信心和学习的兴趣，为成功打下坚实的基础。学生的成就感是推动学生在学习上努力获得成功的动力源，是形成学习内驱力的润滑剂。教师要为学生创造成功体验的机会与条件，培养学生学习英语的成就感。学生的成就感不断得到满足，成功的体验越多，自信心就越强，学习内驱力进而得到强化，形成持久的学习毅力，促使英语课堂生态稳步发展。

扫除学习障碍，增强学生自信心。教师在教学中应当及时帮助学生扫除学习障碍，增强其自信心，使其体验成就感。易混单词的记忆一直是学生英语学习道路上的"拦路虎"，笔者在教授PEP Book 1 Unit 3 A Let's learn目标词汇eye和ear时，发现部分学生会混淆这两个单词。笔者通过简笔画和谐音联想的方式来帮助孩子区分这两个词，强化其音形义的辨认。笔者将单词eye中的两个e画作眼睛，ear中的r画成耳朵的形状（如图1）。eye的读音与中文的"爱"同音，笔者教授其读音后，引导学生发现这个特点："eye这个单词的读音像中文的哪个字的发音？"学生回答："爱！"笔者顺势引导："对！

非常棒！Eye，eye，爱护我们的眼睛。同学们可以这样联系起来记忆！"ear的尾音类似中文"耳"的读音，笔者教授完读音后，同样引导学生思考："ear的尾音能让大家联想到哪个汉字的读音？"学生们异口同声："耳朵的耳！"在后续学生的语言输出中，笔者发现学生已能准确辨认这两个单词，包括能力较弱的学生。他们体验到英语表达的成就感，也开始学会运用联想的方式来记忆单词，识记易混单词的信心渐增，从而激发出获取语言学习新成功的欲望，更好地体验到英语学习的乐趣。

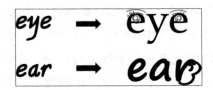

图1　运用简笔画和联想法记忆单词

设计任务型教学活动，让学生在参与中收获成功。任务型教学是指以具体的任务为载体，以完成任务为驱动，将学习语言形式、掌握语言技能、发展语言能力融为一体的英语教学方法。学生接收到教师布置的具体任务后，通过与他人的交流发展语言能力，并在此过程中获得经验，这在很大程度上调动了学生的学习主动性和积极性，激励学生发现问题、解决问题，提高学生的信息交流能力和协作能力，培养学生的合作精神和创新精神。学生在完成任务中获得成就感，逐步激起学习英语的内驱力。

笔者在教授PEP Book 7 Unit 3 My weekend plan B Let's talk时，在拓展环节设计了以下表格（如图2）作为任务驱动，将学生分为4人一小组，学生在小组内运用句型：What are you going to do? When are you going to...? Where are you going? How are you going ...? 相互采访获取信息来完成任务。这样的活动操作性强，趣味性高，学生都能够出色完成任务，体验到完成任务的喜悦。

Weekend plan				
Name	**What**	**When**	**Where**	**How**
Chen Lin	see a film fly a kite	Saturday evening Sunday morning	Yifan Cinema Zhongshan Park	by bike

图2　小组合作任务型活动表格设计

三、巧用评价，形成内驱力，延续生态课堂

德国教育家第斯多惠曾经说过："教学的艺术不在于传授本领，而在于激励、鼓舞自信心重塑。"当学生下决心去做一件事情的时候，他会发挥其最大能动力。因此，教师应在教学过程中，甚至是师生交流的每一刻，适时地进行积极的反馈，给予正面的评价，注重鼓励、赏识和认可学生。这样有助于学生持续这股力量并不断壮大，从而激起学生积极向上的内驱力，顺应英语生态课堂以学生为主体的核心力量，延续课堂生态。

教师应当对学生多做肯定性评价，相信学生，不以"对错"为唯一标准，要善于发现他们的闪光点，给予肯定与鼓励，让学生充分感受到老师鼓舞的真诚。比如，笔者的一名学生，成绩比较落后，学得比较吃力。某一次课堂上，他主动举手回答问题，虽然有一处语法错误，但他声音响亮，笔者对他的优点先做出肯定评价："同学回答问题时声音响亮，这一点非常棒！学英语就是要这样敢于表达，不怕说错，就怕你不说……"此后，他在英语学习上信心倍增，学习态度更加认真积极，取得了很大进步。

教师也可以引导学生之间进行互评和自我评价来促进自主学习内驱力的激发。比如，小组上台进行对话表演，笔者设置了"星级"评分方式，"五星"代表满分，"三星"代表良好，"两星"代表合格。小组同学表演完，由"观众"们按照老师的指示举手评分，再请代表来评价，评价内容为优点和改进建议两个方面。这样的互评方式可以培养学生之间相互学习的意识，同时增强学生的自信心。

综上所述，从激发兴趣点，到体验成就感，再到巧用评价，从学生的学习动力，到成就感，再到自信心，笔者认为生态课堂要紧紧依托多方的要素，要高度协调一致地指挥这些要素在课堂这个平台上有效地运转，既不能片面地强调某种要素，也不能机械地将学生老师分开，这也是一个和谐、稳定、健康的生态系统应有的模样。

📂 参考文献

［1］吕京.英语任务型教学法的有效实施［J］.中国教育学刊，2010（6）：53-55.

［2］苏霍姆林斯基.苏霍姆林斯基选集［M］.北京：教育科学出版社，2001.

［3］白淑霞.发展性教学观下培养学生英语学习成就感的探索［J］.中国电力教育，2013（29）：128-129.

［4］沈彩萍.学生英语学习成就感的培养［J］.教育科研论坛，2006（12）：42-43.

运用网络技术改善课堂生态的实践探索

汕头市蓝天小学 林丽玉

课堂是一个微观的生态圈，是一个独特的生态系统，教师和学生是课堂生态系统中两大生命体，这两大生命体相互依存、互利共生。生态的课堂，不仅有知识的传递，还伴随着积极的情感体验、潜能的开发、个性的彰显、生命的整体和可持续发展，是所有学生在原来基础上的健康发展和教师自身的生命发展和价值实现的基础。

随着现代教育技术的迅速发展，网络技术已悄悄地走进我们的小学英语课堂教学中，教师巧用多媒体技术为教学服务，这让小学英语课堂呈多元、多向多维互动发展状态。在相互作用中，师生间、生生间的动态平衡使生态课堂达到理想状态。

一、尊重天性、遵循规律，飞扬生命的活力

在教育实践中，尊重孩子的天性，遵循其成长规律，引导孩子满怀激情地体验和感受生活，让每一个生命都绽放自己的精彩，飞扬生命的活力，是我们共同的教育愿景。

爱玩是孩子的天性，教师可以根据教学目标设计有趣且有效的游戏，吸引学生的注意力，点燃他们的学习热情。

在教授修订版PEP六年级上册Unit 6 How do you feel？ A Let's learn时，我在操练环节设计了抢答单词游戏，利用PPT中的自定义图形逐一绘制不同的表情图，在自定义动画自动播放的情况下，表情图一笔一笔地呈现，一笔一笔地变化，逐渐演变出不同的表情。学生在图形演变的过程中抢答单词，兴趣盎然，妙不可言。

对于刚刚开始接触英语的小学生来说，最大的困难在于对单词的发音及其拼写的掌握。个别学生记不住单词，这导致他们一开始就对学习英语失去了兴趣，最终产生厌学、弃学的心理态度。将网络技术运用于课堂实践中，能极大地激发学生的学习兴趣，让他们有效地掌握单词的发音和拼写。例如：在教学单词"eight"时，在学生会跟读这个单词之后，我就开始慢慢地训练他们的认读能力了，利用多媒体技术把单词eight放在很多学过的单词中间，然后让学生开始主动去寻找今天所学的单词，等他们找到之后，就把这个单词里5个字母的顺序打乱，并且让它们在屏幕上不停地跳动，先让学生说出这个单词的读音，再将正确的拼写顺序说出来，最后，利用多媒体技术随机让单词的某一个字母消失，让学生说出是什么字母，这样重复做几次，学生基本上就能记住这个单词了。将这样的教学方法运用到其他单词的教学中，也能收到意想不到的效果。

学生学习和掌握新知识，一般都是从感知开始的。丰富的感知能为进一步形成概念、理解知识和掌握学习的规律打下良好的基础。在小学英语教材中，有些知识光凭教师的口头讲解是无法让学生全然接受的。在小学英语课堂教学中，我们只要遵循学生的这一认知规律，利用好多媒体技术图形的移动、定格、闪烁、色彩变化等特点，结合我们所教的知识内容，就能轻而易举地突破所学知识的重难点，并且能把复杂的内容简单化，把抽象的内容具体化，把枯燥的操练兴趣化，使学生在学习过程中有一种一目了然、豁然开朗的感觉。

在教学"on、in、under、near"等介词时，我借助了多媒体课件来辅助教学。首先，设计一个漂亮的房间，房间里有chair、bed等家具，还有toy car、ball等一些实物，一个小男孩推门进来找东西，配音"Where is my toy car？"引导学生回答"It's on the bed."接着进行问答环节："Where is my ball？""It's under the chair."随着鼠标的点击，玩具车、皮球等随即出现在床上、椅子下，清晰的卡通画面加上充满童趣的标准美式发音，学生的兴趣一下子被提了起来，最后学生能轻松自如地掌握介词及其具体使用情境。

二、重视语境，搭设平台，彰显生命的风采

新课程标准提倡采用既强调语言学习过程又有利于提高学生学习成效的语言教学途径和方法，尽可能多地为学生创造在真实语境中运用语言的机

会。因此，教师在教学实践中要为学生提供语言表达和应用的空间，切实提高学生的综合语言能力，改善课堂生态平衡。

在教学What would you like? 句型时，我利用多媒体技术创设了三个时间段的语言交际情境：breakfast、lunch、dinner。每个情境中都有各自不同的人物或动物在吃各种不同的食物。学生可以任选一个场景，运用自己已经学过的句型What would you like? I'd like some ... 或者What would he /she like? He/She'd like some ... 以小组合作、角色扮演和情境对话的形式进行简短的英语交流对话。

在教学PEP Book 8 Unit 3 Where did you go? A Let's talk一课时，在拓展延伸环节，我在网络上挑选了一段人类探索太空的介绍片，利用快剪辑截取了适合教学的片段，配上英文字母进行解释，营造真实的太空环境，激发学生真实情感的表达，利用多媒体人机互动的优势，模拟连线太空对话，在真实情境中活化语言的交际功能。通过启发、引导，给予学生创新的机会，我让他们在不断的尝试与语言积累中，培养思维的流畅性和语言表达的丰富性。

三、善用微信，延伸课堂，丰富生命的精彩

我们教师在教学实践中需要针对不同水平的学生"因材施教"，为其搭建充分尊重他们差异性的学习平台。微信正好具备了这样的功能，让英语教学突破课堂、课时等条件限制，使教学过程呈现灵活性和针对性。学生在家学习英语的时候遇到困难，可以通过微信与老师取得沟通，让老师实行有针对性的辅导。

学生可以通过微信平台，互相学习，互相鼓励，共同解决学习上的困难和问题。学生可以将在课堂学习、网络学习过程中所产生的诸多问题，通过私信向教师询问，师生之间进行深层次、多方面的交流，这样就有效地弥补了目前英语课堂大班教学中互动不足的缺陷。教师通过师生间的私信交流，及时发现学生在英语学习中遇到的问题，并有针对性地调整教学计划，做到有的放矢，提高英语课堂的教学效率。

教师还可以利用微信能发送语音信息这一特点，让学生完成个性化的作业。学生在学完Let's talk部分的内容后，笔者会要求学生录制背诵语音或小视频发送到微信班级群。教师可以不受时间和地点的限制，及时方便地查

看并给予评价，同时发送到群里，使学困生可以向优秀生学习。这样，优秀生获得了认同和鼓励，学困生有了学习的榜样，增强了他们说好英语的自信心，更留下了每一个学生成长的足迹。

　　课堂40分钟是很短暂的，为了完成教学任务，许多教学资源无法与学生分享。微信平台是一个海量信息资料库，它把英语学习变成了快乐休闲的体验，不再枯燥。我与学生分享了一些有关英语学习的微信公众订阅号，如"蓝鱼中英文绘本馆"里面收集了很多儿童英文绘本和儿童英文歌曲，还给他们分享一些英语配音软件、英语在线教育平台，方便学生学会自己寻找资源，发展自主学习能力。

　　将网络技术运用于英语课堂能最大限度地使课堂达到动态的生态平衡，使学生在课堂中得到在原有基础上最大可能的可持续发展。

参考文献

［1］吴鼎福，诸文蔚.教育生态学［M］.南京：江苏教育出版社，2000：10.

［2］石利.浅谈生态课堂［J］.新教育时代（教师版），2019（39）.

［3］王桂华.浅谈网络技术在构建英语高效课堂优化课堂教学中的作用问题［J］.魅力中国，2015（5）：45-46.

着眼身边教材，思课堂之生态

汕头市金砂小学　王　馥

2014年3月，教育部发布了《教育部关于全面深化课程改革　落实立德树人根本任务的意见》（以下简称《意见》），其中提出了"核心素养"这一重要概念。核心素养不仅与课程体系紧密结合，也是衡量教育质量的重要依据。英语课程标准提出：面向全体学生，注重素质教育；整体设计目标，体现灵活开放；突出学生主体，尊重个体差异；采用活动途径，倡导体验参与；注重过程评价，促进学生发展等基本理念，这些都与英语教学的核心素养相契合。当中提出的突出学生主体，尊重个体差异，倡导体验参与，促进学生发展的理念就是要在传统的小学英语课堂教学之上进行创新，为学生构建有生命力的、适应个体发展差异的，与其自身发展相符的新形式教学，即生态课堂的教学模式。生态课堂教学正是应时而生的一种教学模式，在探索中也不断地给我们的教育教学生涯带来一波又一波的震撼。

一、求变而思，和而不同

一个踏上讲台二十年的教师，如果不求变就只能一成不变，而一个自己都不求变的教师是否能真正地因材施教呢？每新接一届学生，我总会自然而然地去对比他们与之前的一届学生有何不同？是更难教还是教得更得心应手？随着新课标的出台，在思考学科核心素养本质的同时，我开始不断地去适应转型，在转型中我发现一旦求变就有了思考的动力，在思中求变，而思的中心是我们的教学对象——学生。真正将学生放在心里，备课时从学生的角度出发，寻求契合他们思维水平以及能力水平的学习模式，搭建出能让学生上下左右并行思考的知识支架，构建平等、民主的课堂环境，突出学生的主体性，摆脱传统课堂，构建生态化的教育模式，求变而思，为教学生态化奠定基础。2015年，因为客观原因，我校与区里一所小型的学校进行合并，随着两校合并带来了融合问题，学校领导班子决定将各个年级的学生整体打乱，再进行重新编班，这就意味着老师接手的班级是个全新的班级，学生来自两个学校不同的教学班，学生学习程度参差不齐，语言学习习惯各异，这对老师的教学开展来说无疑是一个很大的挑战。在接到工作任务的时候，我的第一个反应就是寻思求变，尽快融合。为了让来自不同班级的孩子能尽快熟悉起来，我先让孩子们自己选择要跟哪些同学搭配成一个学习小组，然后对全班进行小测，小测结束后再对各个小组的成员进行微调，选出小组长。在教学环节的设计上，我也进行了不同于以往的步骤，首先是对预习任务的布置，不下达到个人，只是下达到小组，由小组长进行分工，学习能力较弱的孩子在预习时要达到什么要求由组长进行布置与检查，学习能力较强的孩子可以初步梳理出单元的核心内容，再经过课堂的热身活动和游戏环节检查预习的成效。由于这样的整合，学生和老师之间有了良性的互动交流，这使得学生在进入课堂时都能带着较强的学习目的而来，化被动接受知识为主动学习知识，提升的不仅仅是思考能力，更是合作能力与团队意识。这样的一种转化不仅仅是教师求变的一个转折点，还是生态化课堂教学的一个起步。此后，在此基础上我对学习小组提出了更高的要求：每个单元的课前（pre-learning）阶段要提交小组学习的目标，课中（while-learning）阶段要能够通过合作学习解决出现的难题，尤其是组内的学习强手要能起到带头学习的榜样作用，课后（after-learning）阶段会让每个小组提交这个单元的学习成果，可以是单元知识思维导图、手抄报、小口袋书或美文共赏等作品。一开始的时候，学生们都是摸着石头过河，不知道做得好不好，合不合老师的心意，后来我们借用了综合课进行点评，老师的点评占50%，剩下的50%由其他小组的同学投票得出，得票数最高的那一组颁发奖状和证书进行奖励，以此来激励学生们的团队合作意识，创设良性竞争的氛围。一个学期下来，这不仅使得合并后的学生们相处融洽，更是激发了他们的学习兴趣和互助意识，他们取得成绩后更是加深了对自己团队的信任感。经此一变，让我感叹寻思而变所带来的不仅是自身业务水平的提高，更是教育生态化的一种顺应。

二、寓教当下，生生不息

从本质上讲，生态发展即生命的健康成长，生态课堂正是基于学生生命发展的需要，遵循学生生命发展的规律，激发学生内在生命潜能，彰显学生生命活力的自主性课堂。生态课堂把学生当成课堂的主体，一切的教育教学围绕着生命的健康而展开。2020年伊始，一场突如其来的新冠病毒疫情让我们度过了有史以来最长的寒假，继而将课堂转向云端，课堂的生态主体不变，生态环境却发生了改变，线下转线上教学的物质环境、空间环境以及师生沟通模式等方面的变化，无疑是教育教学面临的改革与变迁。在教学条件变化、交流空间变化中，我们把疫情和灾难当成"活教材"，和学生共同面对、共同讨论、共同参与。

在疫情暴发后，80多岁的钟南山院士再度挂帅亲征武汉的新闻刷遍全网，我们在他的殷切叮嘱之下开启了一段居家抗疫的日子。作为一名教育工作者，即使离开了讲台，面对着突然降临的灾难，我仍然第一时间想到如何利用眼前的一切作为教学素材。小学英语教材中对爱护动物的宣传，对尊重自然界的教育再次浮现在我的脑海，任何的创设情境都不如当下来得贴切，于是不擅长绘画的我将身边的亲友动员起来，一起制作了一个抗疫绘本 Fighting the virus，what should I do？我原本是想为干巴巴的警示语言配点儿插图，但是在制作的过程中我发现，衍生出来的内容却不少。站在教育者的角度，我的出发点更多地放在应该做什么，而站在被教育者的角度，我的孩子给出的想法却是网络上发布的显微镜下的病毒像漂亮的皇冠，但是因为病毒来袭不敢出门，就像是外面有很多恶魔，被要求戴着口罩的人们看起来像忍者，等等。于是，这个绘本由一开始的十页警示标语增加到了十八页，里面加上了几帧孩子视角下的新冠病毒讲解，为何要居家，出门回来后如何做，等等。绘本完成后，我本是想给自己班里的学生作为网课第一讲的教学素材，却在机缘巧合下录制了一个复习"should和can句型"的专题课。录播课播出之后，我收到很多学生学习后自制的以疫情为专题的作品，这让我震撼不已。这些作品有的是根据新闻专题报道把钟南山爷爷、李兰娟奶奶、张文宏伯伯的形象画成高高大大的战士，手持利剑斩病毒，有的把火神山和雷神山医院加上天使光环，还有各式各样的英文手抄报、小绘本、窗花警示语等。来自不同的视角，不同的感知角度，不同的理解角度，他们呈现出来的作品也是精彩纷呈的。我们把当下的疫情当作教材的本体，由每个经历其中的人去学习，去理解，去感受，学习能力的高低、理解能力的强弱左右着我们对新冠病毒的认知与理解。疫情是一场灾难，但是病毒却引起我们对自然科学的兴趣，可以唤起我们对大自然的敬畏之心。生态化的课堂是实现学生个性化发展的课堂，学生在教师的引导下围绕教材本体展开学习活动，伴随着不同思想的碰撞、情感的交织和心灵的共振，从而释放出自身对学习的主动性。教师借助多元化的学习活动去促进师生间的交流，促使教育生生不息地循环。

生命的教育就是对以人为本教育理念的深化，教育的生态化就是促进学生健康的可持续发展。生态课堂就是要能够立足当下的教材，激发学生终生学习的意识与能力，并最终以促进学生全面健康可持续发展为依归。在生态化课堂中，教师应该向学生传达终生学习的理念，并以可持续发展作为教学工作的重要原则。我们不是为了学生的课业"成绩"而教学，也不只是站在讲台上传递"知识符号"，我们要把文化内化到知识中，在提高学生的综合素养的同时释放学生个体的积极主动性，来达到唤醒个体生命意义的目的。

叶澜教授曾经说过："把课堂还给学生，让课堂充满生命的气息。"这应该就是生态化课堂的原始目的，借助教材这个载体，通过教师这个枢纽，把课堂学习的时间和空间、学习的自主权交给学生，承认和尊重学生生命发展的主动性和能动性，这也恰恰是教育改革的重中之重。

参考文献

［1］龚亚夫.英语教育新论：多元目标英语课程［M］.北京：高等教育出版社，2015.

［2］龚卫晶.建设生态课堂　唤醒生命活力［J］.北京教育（普教版），2019（2）：91.

［3］颜桂鸣.关注学生生成状态　彰显学生生命活力：基于学生生成状态的课堂观察与思考［J］.课程教育研究，2015（16）：153–154.

浅谈如何用生态课堂优化小学英语教学

汕头市陇头小学 林艳星

生态，即一切生物的生存状态，在一定的空间内，生物与生物之间、生物与环境之间，环环相扣，相互影响。所谓的"生态课堂"，就是应用生态学的核心思想，把课堂作为一个生态系统。在这个系统中，学生、教师、教学方式、学习氛围等都是重要的组成部分，学生的发展必然受到这些方面的影响。随着信息化和全球化趋势的来临，英语教育逐渐受到重视。在传统英语课堂中，固定的教学流程，老师讲、学生听这种"一言堂"式的授课模式，使课堂丧失了活力，学生的积极性、创造性被大大限制，不利于可持续发展。作为新一代的英语老师，我们应该创设一个多样的、和谐的、生动的课堂环境，调动学生参与英语学习的积极性和主动性，促进学生自主且富有个性地学习，产生最佳的教育效益。

英语生态课堂的构建，应从教学的每一个环节着手，从课前的准备、课中的碰撞到课后的拓展，将有利于学生发展的内容渗透到课程的全过程，这样才能为学生构建一个有活力、和谐的环境，使他们学得轻松，学得主动，学得积极，更好地发挥出自身潜能。

一、课前的准备

1. 全面解读教材，掌握教学知识点

构建生态课堂的第一步是要明确教学内容。教师除了要全面解读教材，更要考虑到学生的英语学习程度，清楚学生已有的知识储备，将新旧知识整合，使其形成一个平滑衔接的体系。例如，在教学PEP Book 7 Unit 5 What does he do? B Let's talk这一课前，教师通过对教材的解读发现，本节课除了

要求学生掌握核心句型外，还要学生通过学习对话树立努力学习、健康生活的意识。因此，教师在设置问题的时候，除了要设计有利于学生理解课文内容的问题，还要设计一些问题来引发学生对努力学习、健康生活的思考。

2. 制订开放的生态教学目标

每个学生都是鲜活的个体，不可否认，每个个体对语言学习是存在客观差异的。因此，在制订生态教学目标时，教师应从这些差异出发，注重培养和开发学生的潜能，为每节课制订开放的、阶梯性的教学目标。

（1）基本型教学目标，适用于全体学生，要求学生能掌握课堂的基本内容，以识记、认读为主。

（2）提高型教学目标，适用于中等水平的学生，在掌握基本内容、识记认读的基础上，鼓励学生增加一定灵活性，增强对课堂内容的应用。

（3）发展型教学目标，适用于学习能力较强的学生，可以在对基础知识灵活应用的同时，激励学生对知识从点到面深入进行开拓，提升学生的思维能力。

有了这种开放的、阶梯式教学目标的设定，每个学生都能找到适合自己的课堂目标，有了更多的选择，学生不会因为目标太高产生厌学情绪，也不会因为目标太低而松懈，更多的是一种被激励的状态，每个学生都能在课堂中体会到进步的喜悦，对学习也会更主动。

二、课中的教学环节设计

1. 结合生活实际，激发学生学习兴趣

英语教学是语言教学，语言源于生活，应用于生活。因此，教师要从实际出发，营造一种贴近生活的课堂氛围，加强学生对英语的应用能力。在实际教学中，英语教师有时会为了活跃课堂气氛，设置过于新奇的情境，这虽然引起了学生的注意，但与实际应用脱轨，学生得到的只是短暂的刺激，并不能将课堂知识延伸至生活。因此，教师在设计教学情境时，要与实际生活紧密联系，在讲解教材中的一些对话时，可以举例说明其在日常生活中可能发生的时间、地点，起因等，涉及中外文化差异的，也可以向学生介绍相关文化背景，让学生能充分感受到英语并非离自己很遥远，而是一门与生活息息相关的学科。

以PEP Book 8 Unit 1 How tall are you？B Let's talk一课为例，课文以Mike

和Wu Yifan在鞋店买鞋为背景，呈现他们之间的对话。对话中，中国男孩Wu Yifan在听到来自加拿大的朋友Mike说自己穿7码鞋的时候，发出了"Size 7? That's so small！"的感叹。在这里，教师可以向学生提问：Why does Wu Yifan say so？ How about you？ What size are your shoes？ 来引起学生的思考，让学生发现中西方国家在鞋码表达上的不同。教师还可以让学生细心观察自己的鞋子，上面是否印了两个不同的码数，以此来引起学生的好奇心，提高其学习兴趣。

2. 构建和谐生态课堂，活跃学生英语思维

随着素质教育的推进和新时代教育的不断深化，国务院明确提出，当下的教育，应注重培养能服务于生产建设第一线的高质量人才，既要有扎实的理论知识，又要有实践能力。可以说，加大力度从多方面发展教育体系，对我国的经济发展具有重大意义。

构建和谐的生态课堂环境，在学生在获得知识的同时，培养学生分析及解决问题的能力，这是小学英语生态系统必不可少的一环。在教学时，教师可以从文化背景出发，通过对知识的讲解及提问，扩展学生视野，用文化差异的魅力引发学生思考，帮助其加强对知识的了解和感悟，让学生从课堂的旁听者转变为积极主动的参与者。

例如，在PEP Book 7 Unit 4 I have a pen pal A Let's talk这一课的对话中提到：Zhang Peng is going to teach Peter a Chinese song *Jasmine Flower.* 教师通过提问：Why is Zhang Peng going to teach the song？ 来引发学生思考，在学生发表完自己的见解后，教师一边播放歌曲《茉莉花》，一边向学生介绍歌曲的背景，并告诉学生：Maybe Zhang Peng wants to carry forward the Chinese traditional culture. 为了让学生深入理解the Chinese traditional culture，教师可以继续播放相关视频资料，在观看完视频后，教师提问：What are you going to do if you're Zhang Peng？ 再一次引发学生的思考。这一过程不仅落实了弘扬中国传统文化这一"任务"，而且学生的思维也得到了锻炼。

3. 强化交流互动，引进合作教学，提高学生参与度

传统的"老师讲学生听"的"一言堂"授课方式对学生的自律要求比较高，学生的学习效果依托于外在控制，如一再强调的课堂纪律、奖惩措施等。这些控制措施本意在于提升学习效果，但在执行过程中打击了学生的积极性，从而削弱了学习效果。因此，有必要改变课堂的氛围，例如老师分配一些小任务让学生在课堂上协助完成，让学生分成小组相互交流和学习，把课堂建设成以师生间、生生间平等交流、互动为主的课堂。

结果显示，在这种合作教学以及小组学习的方式下，以往不善于大声朗读的学生都敢于洪亮准确地读出单词，这对学生自信心的提升非常有帮助。这样的上课方式提高了学生的参与度，让学生在不知不觉中学到知识，通过积极主动的行为学习到的知识往往记忆更为深刻，也更有实用性。

在学生学习的过程中，教师的引导及组织远比照本宣科强灌知识重要。教师应在课堂中引导学生将知识场景化、生活化，将课堂转变为相应的场景，让学生在具体的场景中学习、表达，将知识与实际应用相结合。该方式不但有利于提高学习效率，还有利于活跃课堂气氛，提升课堂的趣味性。在学习完如何谈论笔友后，教师可以告诉学生们自己有一个笔友，让学生们结合图片和关键词，向教师进行提问，比起以往教师直接介绍笔友的方式，这样更能把话语权交还给学生，而学生也能更加主动地参与到课堂中来。

4. 实现科学评价，推动学生的发展

生态课堂是一个传授知识、能力培养的平台，也是师生之间进行沟通交流的平台。学生能从教师的评价中得到一定的指导及反馈，多角度地评价学生、欣赏学生是生态课堂的又一重要环节。在评价学生时，教师要多运用手势和表情这些肢体语言，而不是仅限于常规的语言评价，要多观察学生的个性，区别评价，这样能让被评价的学生感到真诚、舒适，在鼓励之中获得自信。学生的自尊心往往较强，单纯的否定会适得其反。因此，教师应注意"批"与"评"相结合，对学生的错误给予指出，同时从问题的实质出发，进行评论、评判，适当地使用幽默委婉的表达，不能完全给予否定，而是要通过批评达到帮助、指导学生的目的。评价的内容要多样化。作为一门语言学科，英语具有其独特的灵活性和开放性。因此，教师对每个学生的评价标准自然也不能是死板单一的。教师既要关注到学生对语言的掌握程度，也要将学生在课堂中的表现和创新纳入评价的标准，鼓励学生积极表达，提高学生的交际能力和创新水平。

三、课后的作业设计

课后作业是生态课堂的延伸，精心设计、形式有趣的作业，不仅能帮助学生巩固知识，还能进一步培养学生的学习能力。教师应像对待课堂设计一样，仔细思考作业能达到的效果，同时从提升学生实践能力、观察分析能力的角度出发，突破常规的作业形式，设计出有效的课后作业。

1. 分等级布置作业

充分发挥学生主体的积极性、主动性和创造性，是生态课堂所倡导的。在布置作业的时候，教师可以根据学生的实际情况，设计具有不同难度层次的作业，以便学生根据自己的实际需求进行选择。这就要求老师为学生提供更有趣且更多样化的等级作业，作业可以分为以下三个等级。一级：比较简单的巩固型作业，面向全体学生；二级：在理解知识的基础上，结合教师所给支架，进行创造；三级：在理解所学知识的基础上，进行创造，甚至超越。通过这样不同层次的练习，每个学生在原有的基础上各有收获，享受到成功的喜悦，也增强了自信心。

例如，在对话教学结束后，教师可以将口语作业设置成三个等级。第一级：仿照录音，大声地朗读、表演对话；第二级：让学生根据指定的单词和图片等信息，创设对话并完成表演；第三级：学生根据对对话的理解，运用对话中的核心句型创作对话并完成表演。这种作业设计不仅使不同层次学生的需求得到满足，也给他们一个更加清晰的目标。

2. 布置实践型作业

常规的作业总是遵从单一的"抄写"形式，往往是比较机械和乏味的。在这样的过程中，学生的学习兴趣会变得麻木。通过唱歌、画画、游戏、制作等形式，这种作业可以让学生喜欢，让学生在听、说、读、写的过程中，培养知识技能和创新能力。例如，在教三年级学生字母的时候，教师可以让他们课后去找一找身边带有英语字母的Logo，并记录下来，增长课外英语知识。再如，在学习完"Season"这一主题的单元后，教师可以鼓励学生画出自己喜欢的季节，并配上英文句子加以描述，然后带到学校与同学们进行交流分享，这样的作业要比单纯地抄写句子有意义。

3. 布置鉴赏型作业

打下良好的语音、语调基础是小学阶段重要的英语学习任务之一。要想提高英语语感以及改善朗读的语音语调，最直接的方法就是不断地进行听录音，模仿跟读。但这样重复的听读作业往往比较枯燥，很难引起学生的兴趣。随着科技的发展，电子设备的功能越来越强大，教师可以让学生把自己在家朗读单词、对话的过程用手机录制下来，上传到班级微信群，同学之间可以互听、互评。为了不"输"给班上的小伙伴，学生们自然会一遍遍地听音、模仿，使自己的小视频达到最高水平，这样一来学生们也逐渐养成自觉听读英语的习惯，英语的语音语调也在良性竞争中得到完善。

4.布置情景型作业

培养学生的英语交际应用能力是构建英语生态课堂的主要教学目标。因此，在构建英语生态教学的过程中，教师要遵循交际性原则，将情境教学法的形式应用于课后作业，以课堂内容为主线，设置一些真实的场景让学生表演，给学生创造一个使用英语表达和交际的机会。一切知识都是从感官开始的，通过这样的作业形式，学生不仅熟悉了课文，而且能从体验角色中增强对知识的领悟，从具体的形象中感知到抽象的思维，能够更灵活地、创造性地使用英语，交际能力和形象思维能力也得到发展。

例如，在学完PEP Book 4 Unit 1 My school后，教师可以让学生想象友人来参观学校的情景，利用课余时间与自己的同学进行角色扮演，一边逛校园一边用所学的句型介绍学校。这样的作业能够大大提高学生的兴致，他们在自编、自导、自演的过程中体验了角色，活用了语言。

四、结语

随着科学教育研究的不断发展，从多维度剖析教育教学已成为教育研究的有效手段。其中，生态学因其独特的思维方式已成为学习教育教学的理想渠道选择。这种理念应贯穿在教学的每个环节。构建小学英语生态课堂应从以下几个方面着手：坚持师生平等的理念，培养小学生主动学习英语的意识，充分应用课堂上的多种因素，加强对小学生英语综合实践能力的培养。最后，我期待通过生态化课堂的改革，学生能在收获知识以外获得能力提升，全面发展。

参考文献

［1］曹凤娜.高职教育课堂生态研究［D］.保定：河北大学，2015.

［2］朱芝兰.谈"生活教育"理论引领下的英语教学策略［J］.中学课程辅导（教师教育），2019（19）.

［3］周琛丹.小学英语生态化教学研究［D］.桂林：广西师范大学，2014.

以生为本，构建生态课堂

——学生自主学习能力的培养

汕头市濠江区青蓝小学　陈升苗

王蔷教授说："教育要回归原点，关注人的发展。"我们的教育阵地之一——课堂，是学生发展的原野，以学生为主体，强调每一个学生的需求、欲望和意识，兼顾学生的个性发展，把课堂营造成生动活泼的学习乐园，通过现代课堂教学手段，实现教学与学生发展的真正统一，这就是生态课堂。与传统课堂教学模式不同，生态课堂强调让学生健康成长，努力适应学生的个性发展，为学生的全面发展奠定基础。在生态课堂中，教师尊重学生，突出学生的个性，学生在课堂活动中积极主动。生态课堂是生活化的课堂，学生感兴趣的、想知道的、想做的，都可以在生态课堂里畅所欲言。

那么，如何实现生态课堂，我们应该使用什么策略来引导学生呢？这就需要我们注意渗透和指导学生运用学习策略，引导学生积极、主动地学习，还要注重培养学生的独立性和自主性。教师要提供足够的机会，给学生的"学"以更多的自由和主动权，挖掘其潜在能力。教师要充分发挥自己的主导作用，创造良好的氛围，增强学生学习的信心，教会学生学习方法，以激励学生参与学习活动。教师要合理运用学习策略，最大限度地调动学生学习的积极性，鼓励学生多想、多问、多说，从发现中寻找快乐，主动获取知识，体会学习英语的实用价值和乐趣。这就是生态教学在课堂上的体现，教师的角色由传统的知识灌输者转换成知识的引导者。那么我们如何引导学生自主学习，实现生态教学呢？

一、授之以渔，潜移默化调动学生学习主动性

在小学英语课堂上，教师应该根据不同层次水平的学生设计不同的练习活动，满足全体学生的实际需要。教师需要考虑班级学生的英语基础差异和理解差异，实施因材施教，促使每一位小学生在原来的英语知识水平上得到一定的进步。生态课堂是以生为本的课堂，枯燥的教学只会让学生对英语学习望而却步。反之，如果我们把课堂学习任务变成一种活动、游戏，甚至在课后，学生也乐于将课堂上开展的活动作为一种游戏来进行，那么他们应该不会把学习看成沉重的负担，相反，他们将以积极主动的姿态出现，轻松地遨游于知识的海洋，在学习中获得快乐。因此，我在引导学生学习的过程中尽可能地给学生创设自主学习的条件，激发学生的学习兴趣，从而激发其主动性。

在学习过去式的一般疑问句结构时，我设计了一个Guessing环节。首先请一名学生上台，从老师出示的词卡中抽一张，需要注意的是，学生抽到的词卡的内容不能让台下的学生知道。台下的同学们要想知道词卡的内容，就必须通过一般疑问句型来进行提问。台上的学生则根据自己所抽取词卡的内容进行回答，若被同学们猜对了则回答"Yes，I did."若同学们猜不对则回答"No， I didn't."猜对的同学可以上台来抽取词卡。每个学生都跃跃欲试，为了避免有学生参加完还要再参加，其他学生没机会参加，我规定每人只能猜一次，这样既能起到鼓励作用，又能让程度比较差的学生一展身手。本来有几个英语说得不是很流利的学生持观望的姿态，但是看到一连几位同学都猜不对，他们终于也忍不住了，大胆地站了起来，也大胆地开了口。这个活动在课堂上进行过后，同学们都非常感兴趣，课后很多同学聚在一起用自己的小卡片进行该活动。这个活动适用于一般疑问句的操练，学生的学习主动性被充分调动起来，不用老师去布置，孩子们也会自发地去模仿，去学习，学习效果自然也能事半功倍。科学、合理的教学活动设计，抓住学生的兴趣点，这样的课堂才真正"尊重学情"。

二、角色转换，给学生自主学习创设条件

在英语教学过程中，教师应该给予学生提出质疑和争辩的机会。学生要充分发表自己的立场、观点和意见，提出自己的思路，对问题提出自己的质

疑，在这种质疑的基础上，通过思想交流，方法互补，吸收其他人的精华，获得学习能力的提升。教师在教学过程中要处理好传授知识与培养能力的关系，注重培养学生的独立性和自主性，引导学生对知识进行质疑、调查与研究，在实践中学习，使学习成为在教师指导下主动的、富有个性的过程。在教学Read and write时，我们平时都习惯于由教师根据短文提问，而学生只是被动地根据教师所提问题，去文中找答案。每个学生都按照教师的问题来阅读短文，按照老师提问的次序来学习，没有自己的想法。因此，我决定放开手，让学生自由地学习Read and write。在学习的过程中，我教给学生学习的方法，引导学生针对短文内容进行提问，提出的问题由班里的同学们来解答，若是提出的问题同学们没法解答出来，那就需要由提问的学生公布答案；如果某个学生对短文有不理解的地方，也可以提出来，再让其他学生来解答。为了能够在课堂上当起"小老师"，学生们都会主动地在预习时下足功夫，听录音，将生词都读懂，查字典，将不懂的生词弄明白，学生设计的问题也非常巧妙。学生的角色从被动向主动转变，从"要我学"到"我要学"，在学习过程中他们不断实现自我超越。从生态课堂的角度来看，老师需要适当的引导，将话语权交给学生，让生态因子的每部分都充分活跃起来，相互带动，从而达到课堂的活跃。在话语权交给学生的时候，学生同样有义务保持课堂的秩序。

三、营造情境，引导学生自由表达

生态课堂没有盆景工艺式的缠扎，没有剧本式的排练，以创新的教学方式造就学生开放的思想、创新的品质。学习语言就是要能够将语言运用到交际实践中，掌握语言的应用功能。交际活动使会话能力提高。小学英语的教学内容大多源于生活，应用于生活，与生活实际密切相关。在教学中，教师可以挖掘教材中贴近生活的知识点，通过设计真实情境，让学生身临其境地感受语言的作用，把抽象的语言形象化，运用新颖多样的教学方法，充分发挥他们的想象力，学以致用，在亲身体验中获取成功的喜悦。

在教学询问对方职业这个知识点时，课文所提供的大部分是理想化的职业单词，如果让学生简单地进行问答对话，内容不贴近学生实际，学生就不会主动进行对话。为了让学生主动参与会话，我设计了一个穿越时空的课堂活动。我让学生们穿越到20年后，大伙都已经长大成人，各自的理想都已经实现了，20年后你们再相遇，最想问对方什么问题，大家见面的心情、感觉如何，想象一下，找partner进行情境对话。任务才布置完，教室里马上热闹起来，学生们各自发挥想象，设计见面的场景，设计要问的问题。到展示活动时，学生们个个跃跃欲试。学生的设计更是让我意想不到。如一组学生设计了在街头偶遇，他们在人群中不小心撞到对方，说完sorry后发现原来是多年不见的同学，激动地拥抱在一起，然后就最关心的问题进行了对话。S1：What do you do? S2：I am a singer. S1：Oh，your dream comes true. Where do you live? S2：I live in Shanghai. What about you? What do you do? S1：I'm a driver. 该组同学还加入了动作、生动的表情，赢得了同学们的掌声。另外一组学生不单运用了本课知识，还大量运用了已经学过的知识点，如What's she like? Where are you going? How are you? You're so beautiful. 等。在教学中，我们以生为本，把时间和空间还给学生，敢于放手，促使学生积极地去思考，主动地参与课堂活动，从而获得英语知识。学生是学习的主人，学习质量的高低、学习效果的好坏最终取决于学习者本身。教师要努力创造条件，让学习者充分发挥主观能动性，主动地进行学习，并将所学知识运用于实际。教师只有创造丰富的课堂活动，才能动员学生的积极性，发掘学生的潜能。在生态课堂中，教师要让学生回归自然，让学生的各种感官都积极运作起来，为学生营造一个开放、平等、宽松、自然、和谐的学习环境。

生态课堂的教学环境应该是开放的，教师需要多方向、多角度地协调课堂的各种因素，接受各种信息，使得信息固化为学生自身的知识。同时，生态课堂教学环境的开放性应该要注重整体，还需要尊重独立。整个课堂应该是互相联系、互相依赖、彼此平等、相对独立的，各自都占有特定的位置，又履行一定的角色。同时整体和部分之间相互联系。构建生态课堂，不仅要传授给学生知识，还要关注学生的个性发展，创设和谐友善的教学氛围，使他们乐于参与，促使学生"好"学而"学"，"乐"学而"学"！

参考文献

［1］赵艳蕾. 小学英语教学要有法［J］. 试题与研究（新课程论坛），2014（15）.

［2］吕继苯. "互动"让学生爱上英语［J］. 都市家教：下半月，2011（6）.

［3］李金柱，钟宪美. 浅论小学英语教学方法［J］. 才智，2009（18）.

思维能力培养中的小学英语阅读教学实践

汕头市金平区私立广厦学校　辛燕舒

在当前的小学英语阅读教学中，一些教师过于注重语言知识和语言能力的培养，教学活动仅停留在朗读、回答与阅读文本相关的问题和复述内容或观点等，这样的教学活动导致学生思维只处于表面、浅层的理解上，无法达到思维能力的提升。

思维能力包括观察、记忆、比较、分析、综合、质疑、判断、想象、逻辑推理、概念建构、认知周围世界、创新以及批判性思维能力等。阅读教学是培养学生思维能力的重要途径，小学英语阅读教学中的文本内容丰富，可以为学生思维品质的培养提供较大的空间（左小玉，2018）。在小学英语阅读教学中，教师借助丰富的故事情境，引导学生深入理解阅读文本，创设自主提问、合作交流、质疑思辨等方式促进学生思维能力的发展。

朗文英语教材五年级上册Chapter 6 A public holiday Part C Learn to read教学内容为配图故事，讲述Mike打算在假期里参加写作竞赛的心路历程。本文将以朗文英语教材五年级上册Chapter 6 A public holiday Part C Learn to read阅读教学为例，阐述在阅读教学中培养学生思维能力的策略。

一、设置问题情境，激发学生思维动力

立足阅读主题，给出问题情境，教师通过问题刺激学生的思维，激发学生进行有效的思考。好的问题能引发学生对事物深层次的思考，教师多用几个how、why等半开放或开放式问题来启发学生的思维，有利于学生养成用英语思考和表达的习惯（朱浦，2016）。

1. 多层次提问，搭建思维梯度

提问题应与学生的认识水平相一致，遵循从简单到复杂的顺序，逐渐过渡。记忆性、理解性的问题属于浅层思维问题，可以帮助学生掌握语言知识，理解阅读文本内容。阅读前，教师呈现同学Cindy去参加写作比赛以及旅游的图片并以 "Entering the writing competition" 为话题进行提问。如：Where did Cindy go？How did she enter the writing competition？If you want to enter the competition，what would you do？学生阅读故事后，教师围绕阅读文本内容分段进行提问，以此来检测学生对文本内容的掌握和理解情况（见图1）。

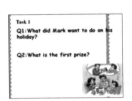

图1　Read and answer配图

在此基础上，教师继续提出分析、评估性的问题：If you win an air ticket to Finland，what will you do？Why do you...？面对层层递进的问题，学生的好奇心得到满足，通过不断思考和作答，教师给学生充分表达思想和观点的机会。如：If I win an air ticket to Finland，I'll go there in December. If I go to Finland，I'll visit the Santa. If I visit Santa，I'll ride in his sleigh...（图2）同一个问题，引发不同认知水平学生不同角度的思考，学生也意识到要从多个角度分析思考问题，同时学会包容和接纳他人不同的观点。进一步追问让学生的思维层次变得清晰、可视，从而使思维更有深度。

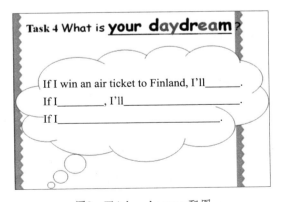

图2　Think and answer配图

2. 多角度提问，发展思维联想

在小学英语阅读教学过程中，教师要让学生换位思考，把自己想象成故事中的人物，全身心地体会人物的特点，这可以促进学生深度理解文本内容。教师从不同的角度设置问题任务，引导学生关注故事中的不同角色，学生展开人物体验，这有利于帮助学生展开联想，进行质疑、提问。如：从Mike 的角度围绕疑问词what、who、how、where、why进行提问，可以提出：Why is Mike so happy in the dream？ How does he go with the Santa？ 从Mom 的角度可以提出：If you were Mike's mother, you would see Mike daydreaming on the sofa. What will you want to say？ 不同的问题情境可以拓宽学生的思维广度，提高其课堂的参与性，激发其思维的积极性。

3. 多向提问，促进思维主动性

提问题的人可以是教师，也可以是学生。在相互进行阅读和探讨之后，提问模式可由师问生答转换为生问生答的模式，将学习的主动权交给学生，放手课堂。如：在阅读中，教师通过Fast-reading和Detail-reading两个环节进行提问，学生跟随故事中Mike参加写作竞赛前后的思考和变化，开始进行故事内容的阅读。如：

（1）Fast-reading

A. Let students read the whole story and answer the question：Did Mike write the story for the writing competition？

（2）Detail-reading

A. Read the paragraphs about picture 1 and answer the questions：

a. What did Mike want to do on his holiday?

b. What is the first prize?

B. Ss answer the questions.

...

提问是有技巧的，教师可以给学生提供问题的基本模式，引发学生思考，帮助学生学会提问。如：What would Mike do？ How do you know that？ Why do you think so？ If you were..., how would you feel？ 在阅读教学中，教师帮助学生掌握提问的方法，这有助于发展学生的思维能力。

紧接着，教师呈现下一段文本内容的图片（见图3），引导学生观察图片并进行提问，运用学过的疑问词大胆提问，比起老师直接提问，学生提出问题更能锻炼他们的质疑能力，提升学习思维主动性。

图3　Watch，think and ask 配图

师生共同提出问题，了解彼此的反馈情况，增进交流。有些学生在回答问题时出现语言跟不上思维的现象，但对于学生来说，体验批判性思维的过程更具有意义。

二、建立任务驱动，拓展学生思维宽度

在阅读教学中，教师要结合故事主题有针对性地创设任务，以任务驱动的方式，引导学生结合自身已有的知识储备和认知经验，进行片段故事改编、表演等语言实践活动。在这样的过程中，学生在已有知识的基础上，结合新获取的信息进行联想、想象、推理和探究等思维活动。

在故事的读后阶段，教师给出了Mind map（见图4），引导学生结合自己的生活实际，展开想象设计自己的Mind map并大胆说出自己的想法，达到语言真实运用的目的。在小组活动中，学生先分享自己的想法，再听取同组其他学生的想法，在反馈中互相促进，接着进行表演展示：If I win the air ticket to Finland, I... 学生在展示分享后进行自我改正或补充，再把相应的内容写下来，达到以读促写的目的。

图4　Think and share 配图

任务驱动不仅能提高学生的阅读能力，而且可以提升学生独立思考的能力，实际上拓展了其思维的深度，促进了其思维发展。

三、创设合作学习，提升学生思维深度

《以学习为中心的课堂观察》一书中提出：合作学习能够带动个体知识的增长，借助个体之间不同的知识结构和信息，提升共同体整体知识基础。在阅读课堂中，共同解决探究任务的合作学习能体现事物间的内在联系，帮助学生形成多角度的思维模式，达到提升个体思维深度、真实阅读的目的。

如：阅读中，教师让学生观察图片并进行提问，运用学过的疑问词提出问题，引导学生用已学的句型进行提问。

S1：How did Mike feel at home?

S2：What was in Mike's hand?

S3：Where did Mike and the Santa want to go?

...

教师将问题板书后组织学生进行小组讨论，各小组学生排除无意义的问题后，小组成员进行协商，较低水平的学生可以看到高认知水平学生的思维过程。学生在合作学习中倾听、表达、互相补充，把从合作伙伴那儿收集到的信息进行分析、比较，实现质的飞跃，把错误的思维观点转变成正确的，帮助自己形成多角度分析问题的思维模式，提升自己对这一问题的思考能

力，从而深化思维能力的培养。

在完成任务的过程中，教师应参与小组活动，评价学生的学习情况，判断并回馈给小组的每一位成员，让每个人都能感受到自己和他人解决问题的重要性，也知道谁需要鼓励和协助。在师生、生生的交流中，学生学会接纳别人的意见，提出自己的意见，获得成就感和认同感。

发展思维品质是英语教育的主要目标之一。只有合理运用教材，有效开展促进学生思维品质的活动，才能全面促进学生思维品质的发展，促进英语教育目标的实现（鲁子问，2016）。如果把每节阅读课都当作一种学生自我阅读思维的训练：为什么要进行这项活动？为什么要提这样的问题？之后还要努力地解决问题，掌握阅读方法，提升阅读中的思考能力，那么学生的阅读能力培养和思维品质发展就能与每一节新授课的学习结合起来。有效的教学活动是培养学生思维能力的脚手架。教师要做学生思想的启迪者，并给学生提供多样的表达时空，这样才能真正培养学生的思维品质。

参考文献

［1］鲁子问.英语教育促进思维品质发展的内涵与可能［J］.英语教师，2016（5）.

［2］左小玉.小学英语阅读教学中培养学生思维品质的策略［J］.中小学外语教学（小学篇），2018（3）.

［3］朱浦.小学英语教学关键问题指导［M］.北京：高等教育出版社，2016.

基于小学信息技术核心素养下的小学智能机器人课堂教学生态化管理的初探

汕头市新乡小学　方立鹏

随着国家对人工智能科技的重视，智能机器人教育走入小学信息技术课堂成为必然趋势。机器人教育的目的是培养善于思考、有创新精神的人才，学生不能只是被动地接受所谓的真理。学生在课堂上应该是学习的主动参与者，他们应该在学习中发表不同的见解，在不同见解的碰撞中，发展自己的思维能力。教师着重问题的创设、学习的引导，让学生在实践活动中发现问题，着手解决问题，教师成为学生的"协作者"。如何让高深的智能机器人知识顺利地被小学生所接纳呢？通过多年实践，笔者认为贯彻"精讲多练"原则能将课堂学习的主动权还给学生，对打造高效课堂起着至关重要的作用。

一、智能机器人课堂教与学的管理

在当前的智能机器人课堂教学中，大多数老师采用的是先讲解后实操的"两段式"教学方法。课堂大部分时间都是由教师给学生"灌输"知识，学生在课堂当中往往处于被动接受知识的状态。这种教学方式最大的好处是教师能够轻松地控制教学进程，在较短时间内向学生传授大量系统的相关知识，但是忽略了学生学习的需要，这不利于学生主动获得知识。要提高学生学习的积极性，让他们明确"为什么学"和"怎么学"这两个问题，教师要设计安排好每一堂课，运用生动活泼的教学形式和能够调动学生积极思维并符合教学规律的方法展开教育活动，有效地激发学生学习机器人的兴趣，变

"为什么学"为"我要学""我会学"。

1."精讲"要求教师要认真备课、备学生

每次上课之前，笔者都会认真钻研教材和阅读参考书，将相关理论弄懂、吃透后还要考虑一个关键的问题"该怎么说才能让学生听得懂"。笔者通过了解学生已掌握的知识结构和生活经验选择恰当的教学方法开展教学活动。例如，在向三年级的学生讲授"齿轮传动"这个知识点时，重难点是要求学生能理解大小齿轮相互配合时动力的变化。如果按照常规的教学方法：介绍齿轮的概念、特点，讲解齿数、传动比等专业术语，不仅耗时，学生们也会因为知识结构等原因无法理解或者只能死记硬背，教学效果将会大打折扣。为了解决这个问题，笔者采用了实验法和发现法进行教学，步骤如下：

（1）准备两台一模一样的机器人小车，它们都采用一大一小两个齿轮相互咬合作为传动装置，但是一台以大齿轮作为主动轮，另一台以小齿轮作为主动轮；

（2）启动两辆小车去推动前方的重物，让学生观察它们的表现；

（3）学生通过观察得出结论：大齿轮带动小齿轮的小车速度比较快，但是力量小，推不动重物；而另外一辆刚刚相反，速度慢但是力量大，能推动重物；

（4）引导小结：大齿轮带动小齿轮就好像大人推着小孩走路，大人的步子大所以速度比较快，但是因为小孩力量小所以无法推动重物；小齿轮带动大齿轮就好像小孩推着大人走路，小孩的步子小所以速度比较慢，但是因为大人力量大所以能推动重物。

板书设计：	速度	推力	原理
大齿轮带动小齿轮	快	小	大人推小孩
小齿轮带动大齿轮	慢	大	小孩推大人

通过以上方法，笔者只用了五分钟的时间就可以让大部分学生清晰地明白这一原理，轻松突破重难点。

2. 以培养创新精神和实践能力为宗旨，以提高学生的信息素养、技术素养为目标

在教学中，"多练"是指让学生充分动口、动手、动脑，从事表达交流等活动，使他们在获得基础知识的同时，练就编写程序、搭建机器人等基本技能。在"多练"的过程中，更加注重的是理论与实践相结合的练习。机器人课堂的练习种类一般包括各种主题搭建、编写程序和让机器人完成指定任务等。例如：利用积木件搭建三角形、四边形等各种图形，引导学生熟悉积木件的种类及作用，体验"三角形稳定性"理论；通过搭建"跷跷板"主题，引导学生了解杠杆原理；运用数学课中学到的边长、角度等知识，编写程序让虚拟机器人画各种图形；通过机器人走"迷宫"任务，让学生知道红外测障传感器的工作原理及调试传感器的使用方法等。

在智能机器人课堂教学中，"多练"是让学生充分动口、动手、动脑，进行搭建、编程、表达等活动，引导他们在获得人工智能相关基础知识的同时，练就搭建机器人、编写简单程序、运行调试机器人等基本技能。智能机器人是高级整合控制论、机械电子、计算机、材料和仿生学的产物，因其知识覆盖面广的缘故，不能只凭教师讲解或者对知识术语的记诵，而一定要依靠"多练"来培养学生的观察力、思考力、想象力及动手操作能力。懂了、会了、熟了是掌握基本技能的基本因素，"精讲多练"的原则能使这三个因素互相促进。想象、观察、思维、记忆等能力的有机结合构成了智力，精讲多练的教学方式使这些能力结合发展。它是启发教学方法在课堂中的较佳结合形式，也是在保证教学质量的前提下既能为教师减负又能增加学生学习时间和空间的秘密所在，对提高智能机器人课堂教学效率有着重要的作用。

二、精讲多练管理方式效果分析

（一）教师巧妙的设计引发学生"玩"的天性，激发了学生的学习动机

课堂教学中如果只强调教师教学语言"少而精"是不够的，还应强调"精而准"。教师要根据学生的接受能力和教材要求来确定少讲与多讲，以及该怎么讲；讲课时语言要简练、生动，问题要设计巧妙，指导范围要明确，表达要简洁清楚。比如笔者会先让学生在设定的规则范围内"玩"，在这一过程中如果遇到"拦路虎"，可以向笔者求助，这时再来引导学生解决难点，通过迂回的方式帮助学生提高解决问题的能力，久而久之，学生渐渐摆脱依赖性，养成了良好的学习习惯。

学习动机是推动学生进行学习活动的内在原因，是激励、指引学生学习的强大动力。"精讲多练"，这种教学方式不但让教师在扮演"主导者"的过程中，将大部分时间还给学生，引导学生主动建构知识，减轻学生的学

习负担，而且体现了以学生为主体、教师为主导的教学关系，符合新课标的教育理念，充分调动了学生学习的积极性和主动性，使课堂教学气氛紧张活泼，充满生机和活力。在运用"精讲多练"教学方式讲课的过程中，笔者发现学生学习兴趣的稳定性有了极大的提高。

（二）练习重点突出，既保证了教学的实践性又提高了学生多方面的能力

在教学中，"多练"是让学生充分动口、动手、动脑，进行搭建等活动，使他们在获得声、光、电、力等物理基础知识的同时，练就机器人组装、编写调试程序等基本技能。实践中发现，学生"多练"的过程实际上也是教师实施"实践教育"的过程，它有效地提高了学生以下几个方面的能力：

1. 培养学生的团队合作能力

让机器人完成一个任务，学生需要从考虑任务解决方案到程序设计，再到机器人搭建，进而为实现任务进行细致的调试，仅靠一个人的力量是不可能完成的。为了完成任务，在教师的引导下，学生渐渐学会根据个人特点，自由搭配，设置小组长，形成有组织、有分工的周详计划，进行"互动式的交流学习"。

2. 培养学生的创新思维能力

智能机器人学习的活动空间开阔，能够多方面提高学生的科学素养，逐步培养学生良好的思维品质和能力，引导他们根据已有知识、经验进行思考、探究。如在指导学生完成"机器人走迷宫"任务时，笔者提供红外测障传感器、灰度传感器、超声波传感器等多种传感器让他们选择，可以是一个红外测障传感器+一个灰度传感器组合，也可以是两个红外测障传感器组合，还可以是一个超声波传感器+一个灰度传感器组合，等等，再辅以相应的程序，都可以完成任务。教师在课堂小结部分引导他们针对在活动过程中出现的种种状况进行讨论，相互交流。随着不断的磨砺，学生渐渐学会从多角度、多方位观察和思考问题，培养思维的广阔性及创新性。

3. 培养学生的语言表达能力

在学生演示机器人任务后，教师还会要求学生描述设计的意图、思路，分析机器人在运行过程中出现的问题和改进的措施，反思在设计上存在什么缺陷、有什么解决办法等。师生间面对面地交流，陈述自己的体会感想，很好地培养了学生的语言表达能力。

4. 培养动手能力和解决问题能力

在智能机器人学习过程中，教师主要的任务是介绍机器人软、硬件的使用方法，设计有趣的任务和为学生提供帮助等。在上课过程中，学生必须认真地观察，亲自摆弄电脑、主控器、传感器、小电机等器材，根据任务搭建机器人、编写程序、调试程序，每当遇到"拦路虎"时还要上网查找相关知识或者请教老师……每一位学生都需要主动参与实践的每个环节，在看似"玩耍"的过程中，他们渐渐地掌握了不少技能，如机器人车体搭建时涉及的机械原理，主控器、传感器、电机等设备安装时涉及的电子知识，处理和解决问题时所涉及的编写程序技能等。

三、建议

精讲多练这种教学方式能使懂、会、熟三个因素相互促进。精讲，师生的精力用在了刀刃上，学生理解得深一些，有利于在理解的基础上巩固应用知识。巧妙的提问，既能起到及时巩固的作用，又能了解学生的学习情况。那么在教学中，如何有效地落实精讲多练呢？根据多年的实践经验，笔者提出以下建议：

1. 教师要踏踏实实地做好备课、备学生的工作

这一点建议属于老生常谈的问题，在很多场合都有专家、学者提出过这个问题，但是在实际教学活动中，这项工作往往只停留在表面。机器人教学的特点是专业性强、科技术语多，如果照本宣科，那等于将小学生推出学习科技的大门。要激发学生学习机器人的兴趣，就要求教师深刻理解教学内容，熟练掌握这些知识所需要的策略，将知识以一种深入浅出、化繁为简的方式融入教学活动中。例如，在教学中最常见的传感器知识，如果教师生搬硬套，将一系列的专业术语"塞"给学生，那么教学效果肯定非常差。怎么改变这种情况呢？笔者一贯的做法是：①对传感器的相关知识进行系统的学习；②根据学习所得，再联系日常生活中常见的一些现象，将知识生活化、浅显化；③设置情境，将生活化的知识自然地传授给学生。

在备课方面，笔者感到被忽视的一点在于对教学目标的定位。机器人教学有其特殊性，它不仅具有科技性还具有活动性，学生在不同的层次和阶段对教学内容有着不同的认识和理解。作为教师的我们和学生对学习内容的感受必然存在不同，那么在确定教学目标时，我们一定要有一个正确的定位，让教师和学生在课堂当中能够达到情感上的共鸣，从而使学生得到能力的培养、情感的熏陶和思想的启迪。因此，笔者建议以尽量减少"由教师讲到懂"，尽量做到"让学生在玩中学"为指导思想来考虑教学目的。

2. 语言要精练，表达要准确

讲授在课堂教学中占有非常重要的地位，讲授是借助于语言进行的，课堂讲授的效果很大程度上取决于语言的运用。若要达到课堂教学的最高层次，教师具有高超的驾驭语言的能力是十分必要的。教师授课语言的精练程度来源于其对教学内容的理解和把握，更来源于其对教学语言的再加工过程。比如在教授"智能机器人的结构"一课时，为了让学生短时间内理解"控制系统""感知系统"和"驱动系统"这三个专业术语的意思，笔者采用了比喻的方法：控制系统就好像人的大脑一样负责发号施令；感知系统就好像人的眼睛、鼻子、耳朵一样感知外部的情况；驱动系统就好像人的肌肉一样让机器人动起来。生动简洁的解说降低了学生学习的难度，对保持学生学习的兴趣起到至关重要的作用。

3. 练习要典型，形式要多样

练习的安排要根据教学目的，选择那些最能体现对该知识的运用和学习策略训练的典型任务，但绝不是越多越好，要适量，练习的形式也要多种多样，不能单一化，要引起学生的练习兴趣。在"多练"方面，我们应该注意以下的原则：要从学生的实际出发，根据教学要求，扎扎实实地练；要注意把带有规律性的知识转化为学生的技能；要启发学生联系已经学过的知识，新旧结合。只有这样，才能提高课堂教学效率。

总之，在实施精讲多练的教学中，要突出教师的主导性，通过设置问题和多种有趣的任务来引导学生探究，让学生充分参与到课堂教学中，同时，要注重发挥学生的主体性，发展学生的个性，充分调动学生学习的积极性和主观能动性，让学生在学习科技时能轻松应对，快乐入门。

参考文献

［1］高文.教学模式论［M］.上海：上海教育出版社，2002.

［2］龚睿.智能机器人教学的几点反思［J］.深圳特区科技，2005（z1）：501-502.

第四章

工作室文本教学设计

人教版小学英语第六册　第四单元　第六课时

Unit 4 When is the art show? Read and write 教学设计

汕头市新乡小学　陈　磊

一、教材分析

本课时是阅读课。教学文本以日记的形式记录了小猫咪一个多月的成长变化。文本内容较简单易懂，通过记录描述小猫的成长变化，学生能懂得生物变化的美好，也能懂得尊重生命，热爱生命。语言知识方面基本没有出现新的句型及较难理解的生词。

二、学情分析

本课时的教学对象为小学五年级学生。经过两年多的英语学习，他们已有一定的英语知识储备，具备基本的听、说、读、写能力，逻辑思维能力日渐增强，但是还要继续培养深入理解文本内在联系、复述改编文本和重组文本的能力。

三、教学目标

1. 语言能力

（1）能理解文章大意，获取信息。

（2）能按照正确的语音语调及意群朗读文章。

2. 学习能力

（1）通过Jigsaw Reading活动，掌握一定的阅读技巧，如通过上下文推理、速读寻找关键词，获取细节信息等。

（2）通过小组合作学习，培养沟通和交流的能力。

3. 思维品质

（1）通过观察、推理与判断结合的学习形式，提高英语学习兴趣，发展创新思维。

（2）通过Jigsaw Reading构建学生分析推理、交流思维、发展逻辑思维和理性表达的能力。

4. 文化品格

能认识生物成长的美好，尊重生命并热爱生命。

四、教学重难点

1. 教学重点

能听懂、理解、会说文本的重点词汇及短语：still、make noises，fur等，同时能读懂并理解文本意思。

2. 教学难点

能借助图片及具有信息差的活动，在不断假设、证实、想象、推理的认知过程中，成功地复原课文文本，最终达到完整理解文本并提高阅读能力的目的，亦能在此基础上阅读理解相同主题的拓展阅读内容，深入理解生命的美好。

五、教学过程

1. Warm–up

Free talk：Talk about some vocabularies.

2. Pre-reading

Show the first part of the text.

Task：实验拼图，在教师的帮助下，完成拼图活动，为下次拼图活动积累经验。

3. While-reading

（1）Group Work：The First Jigsaw Reading.

Task：初次进行拼图活动，学生以小组为单位，拼出剩下的三段文本。在教师的引导下汇报原因。

（2）Group Work：The Second Jigsaw Reading.

Task：第二次拼图活动，学生将日期与文本配对，在教师的引导下汇报原因。

（3）Class Work：The Third Jigsaw Reading.

Task：第三次拼图活动，在教师的引导下，整理出kittens的成长路径，完整还原文本。

（4）Class Work：Back to the textbook.

Task：回到课本，在朗读中再次完整理解文本。

4. Post-reading

Supplementary Reading：*LISA*.

5. Homework

（1）Tell your parents the growing map of the kittens.

（2）A. Make a growing book of yourself.

B. Finish the growing map of Lisa.

六、课后反思

本节课选自PEP 小学五年级下册第四单元Read and write部分。文本内容为Sarah写的四篇描写小猫咪在不同时期的状态及能力的变化的日记。粗看，文本的语言性较简单，无语法难点。

但是细细解读文本，从what来分析：猫的成长过程；从why来分析：猫的成长是一步步长成的。Sarah细细观察，是否体现了她对小动物的爱，又是否体现了生物成长所带来的喜悦？从how来分析：日记体裁，因此语言逻辑上有一定的衔接性。

从写作线索来看，有明暗两条线，明线为小猫的成长过程，暗线为描写生物发展的语言逻辑性。王蔷教授曾经说过：在阅读教学中，不要纠结于个别的词汇，只要能理解文本内容，可以获取相关信息，达到某种阅读目的，就是有效的。吴欣教授也说过：Read and write是基于Let's learn与Let's talk的基础，主要关注阅读能力的培养。

因此，我决定采用Jigsaw Reading这样的阅读方式开展本次教学。化明线为暗线——小猫的成长过程引申到孩子的成长，文化提升生命成长之美好，鼓励孩子们热爱生命。转暗线为明线——在拼图式阅读教学过程中，体会语言的逻辑性及合理性。

拼图阅读教学法就是先把文本材料拆分，让学生阅读片段并加以推理分析，然后与他人进行沟通询问，形成小组并进行讨论，从而对信息进行符合逻辑的整合，把文章复原完整，最后进一步加深学生对于语篇的理解，提高阅读的能力。对于小学生来说，用英语做小组内讨论需要长期大量的练习才能积累一定的基础，而本次是异地教学，因此我采用了师生共同讨论交流的方式，教师做主导推进，协助学生逐步理解文本，还原文本，最后达到重组文本的目的。

在刚才的教学过程中，老师们应该可以观察到，孩子们的思维发展过程在三个任务中呈现得淋漓尽致。第一个任务，孩子们明白了文本内在的逻辑推理，例如因为young，所以pink且can't see，因为can't talk 所以 make noises等等。第二个任务，孩子们通过日期与文本的搭配，明白了kittens是如何在外形与能力这两个方面发生变化的。第三个任务，孩子们在复原文本后，回归到课本，通过朗读与默读两次内化，最终做到重组文本！孩子们的思维在低阶与高阶之间无缝衔接。

最后的拓展阅读，我选用了小女孩Lisa的成长书，从而推升了文化体会，让学生们理解了Growth makes life beautiful！

整节课，有一个小遗憾，若是能由孩子们提炼出今天的文化感悟，那将是非常美妙的事情。

人教版小学英语第二册 第三单元 第一课时

Unit 3 At the zoo Part A Let's talk教学设计

汕头市青蓝小学 陈升苗

一、教学内容

PEP第二册Unit 3 At the zoo A Let's talk

二、教材分析

本单元所要掌握的单词和句型与学生的生活实际十分贴近，学生对动物也比较感兴趣。因此，在教学中创设情境，通过介绍和描述动物的外貌特征，如thin、fat、short等把知识点贯穿其中，这激发了学生的学习兴趣，让学生在教师创设的语言环境中进行听、说、读、写等训练，以此培养学生的综合语言运用能力。

三、学情分析

三年级的学生初学英语，对英语充满好奇心，课堂上表现活跃，学习积极性很高。经过一个学期的学习，他们初步掌握了一定量的单词，能在老师的指导下开展合作学习。

四、教学目标

1. 语言知识

（1）能够在图片和教师的帮助下理解对话大意。

（2）能够在语境中理解"It's tall/short/fat."的语言功能，并在图片或动作等的帮助下，使用"It's＋形容词"来描述动物的外形特征。

2. 语言能力

（1）能够朗读对话，并进行角色表演。

（2）能够在语境中理解"It's tall/ short/fat."的语言功能，并在图片或动作等的帮助下，使用"It's＋形容词"来描述动物的外形特征。

（3）能够自己画出常见的小动物，并运用学到的语言结构描述自己的作品。

3. 情感意识目标

（1）培养学生参与教学活动的自主性，提高他们的学习积极性，培养他们注重观察、学会观察、学会提问、勤于思考、善于想象、善于交际的能力。

（2）引导学生不以貌取人的良好品质。

4. 思维品质

学生通过句型操练和游戏互动，提高主动合作意识，并在老师的指导下学习句型运用的一些策略。

五、教学重难点

1. 教学重点

运用句型"Look at that/the... It's tall/ short/fat."描述动物的外形特征。

2. 教学难点

本课句型"Look at... It's ..."在实际生活中的运用。

六、教具准备

多媒体、词卡、评价图、动物图片等。

七、教学过程

1. Warm up

（1）Greeting

（2）评价活动：学生分成两大组，一组为giraffe组，另一组为bear组。教师出示两张图片，每组一张图片，上面盖着小方块卡片（无法看到图片内容），若哪组同学举手回答问题答对了，则可撕掉一张小卡片，最后比一比谁能根据看到的图片内容回答：What's this？What's it like？答对的小组则获胜，获胜小组能得到动物园门票，和老师一起参观动物园。

图1 动物园门票图

（**设计意图**：评价活动能有效地提高学生参与课堂学习活动的积极性和主动性，也能培养学生的团队合作精神。本节课的评价活动采用具有挑战性的翻卡活动，学生要多回答问题，才能翻看更多的卡片，卡片下的图案也就呈现得越多，最后则能更准确地回答老师的问题。评价活动设计新颖有创意，学生的参与积极性更高，学习氛围更浓烈。）

（3）播放本单元Let's do音频，学生边做动作边读，复习Let's learn四个形容词；

（4）播放本单元Let's chant音频，师生chant，复习句型Look at... It's ...

（**设计意图**：通过TPR活动和说唱的形式复习已学知识，活跃课堂气氛，学生一下子就进入学习状态。）

（5）Guessing game：看图猜动物，并使用句型Look at... It's ...对其进行描述（共四幅图）。

T：What's this?

Ss：It's a...

学生再次运用PPT出示的句型Look at that...It's ....进行描述。

图2 Guessing game配图

（**设计意图**：通过形式多样的复习活动，学生进一步巩固已学知识，并自然过渡到新授知识。）

2. Presentation

（1）由上一环节最后一幅图Who's that woman？ Where is she？引入She's at the zoo.

T：Wow，look at the zoo. It's so beautiful. There are so many animals in it. Look at that lion. It's big.（引导学生模仿老师的例子，选择动物进行描述）

图3　Presentation 1配图

（2）由上一环节学生形容动物，过渡到Miss White 她们在看什么，引入句型 Look at that giraffe. It's so tall. Look at that bear. It's short and fat.（将句子卡片贴在黑板上，学生齐读）

图4　Presentation 2配图

（3）朗读操练

A 学生听音跟读　　　B 学生分小组操练对话

C 全班读　　　　　　D 学生上台分角色并带上相应头饰进行对话操练

（**设计意图**：回归文本，学生通过多种操练方式，习得语言。）

3. Practice

活动 1 情境操练"小蝌蚪找妈妈"

通过学生熟悉的故事，呈现小蝌蚪遇到的动物，以及如何介绍这些动物。

情境设置第一步：小蝌蚪询问Where is my mom？ 教师进行提问：Where is their mom？ Can you help them？ Ss：Sure.

第二步：分别出示giraffe、duck、fish和frog的图片，一步步帮小蝌蚪找到妈妈。（点击声音，小蝌蚪会问学生：Is she my mom？）

图5　活动1小蝌蚪找妈妈配图

（**设计意图**：用学生学过的故事进行情境设计，能增强学生的学习自信心，让学生敢于开口进行表达，同时促进学生思维的发展。在活动中，学生不知不觉地习得语言、运用语言。）

活动 2 小画家：Draw and say

在学完A Let's learn后，我让学生画一幅体现该节课形容词的画。在本节课中，我将这些画放到PPT中，设计成一个小游戏，学生随机选一个字母，看看该字母关联到哪位同学的画，该同学则需站起来对图画进行描述。（点击字母，通过超链接关联到对应的图画）

图6　活动 2 Draw and say配图

（**设计意图**：此活动设计充满悬念，学生不知道会选中谁的图画，也不知道自己的画会不会被选中，活动设计时刻吸引着学生的学习注意力。）

活动 3 Choose and say

此活动由教师有目的地选择几张图片，让学生自由选择图片并与partner进行对话。其中，引入对人物的形容是本节课的拓展知识。

A：Look at that boy.

B：He's tall and fat.

图7 活动 3 Choose and say配图

在此次活动中，通过学生的对话，教师适时引入情感教育（点击右下角，链接到情感教育）：不能以貌取人，You can't judge a book by its cover.

4. Summary

（1）学生读板书句子；

（2）教师替换其中的动物名称和形容词，学生认读。

5. 评价

学生根据图片显示出来的内容回答教师所提问题，评出优胜组。

6. Homework

（1）Listen to "Let's talk" and repeat.

（2）Introduce one of your favourite animals.

【板书设计】

Unit 3 At the zoo

A Let's talk

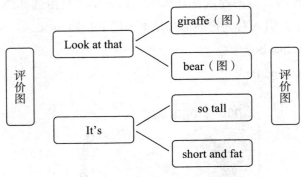

图8　板书设计图

【设计思路】

　　本节课是三年级第二学期Unit 3的内容。学生在学完四个形容词后，进一步运用这些形容词来形容动物的外貌特征。本节课的话题是学生最熟悉的也是最喜欢的。在本节课的设计上，我注重给学生创设语境、情境，以生为本，以学生乐学、好学为目的，让学生能够将所学知识运用到实际生活中，达到学以致用的目的。同时，课件设计有辅助作用，可以更好地给学生创设一个真实的语言环境。比如"小蝌蚪找妈妈"环节，我通过语音插入，实现了小蝌蚪与学生的互动；通过超链接，给学生设置一个个悬念，促进学生思维的发展。学生注意力高度集中，对每个环节都充满期待。在课堂评价上，我采用自创的翻卡游戏，学生必须积极参与活动，回答问题，才能清楚地看清卡片下的图片，最后结合本节课内容，让学生看评价图回答问题，回归本节课的重点知识。

Unit 4 What can you do? Part A Let's learn 教学设计

汕头市东厦小学 李佩珊

一、学情分析

本课教学对象是小学五年级学生。此阶段的学生经过两年的学习，对英语学习的兴趣较为浓厚，已经具备一定的听、说、读、写能力，能运用已学过的知识进行提问，并能积极地进行自主学习和合作学习。

二、教材分析

1. 学习主题

本单元的学习主题是文娱活动。本课是PEP Book 5 Unit 4 What can you do？A部分的词汇课，包括Let's learn和Do a survey两个部分。教材通过Miss White和Mike的对话以及学生参与不同课余文化活动的图片呈现了词汇的词形和意义。

2. 新旧知识迁移

学生已有的语言知识是一些动词及词组，如draw pictures、clean the room、wash my clothes、watch TV、do homework、read books、play football、cook等。学生已接触过的语言知识有利于本单元核心句型的迁移。本课设计也是利用这些动词和动词短语让学生感知、理解和巩固新句型 What can you do？I can...

155

三、教学目标

1. 语言能力

（1）学生能够听、说、读、写以下有关课余文化活动的词汇：draw cartoons，sing English songs，do kung fu，play the pipa，dance。

（2）能够在情境中正确运用上述短语和词汇。

（3）能够在实际情境中灵活运用核心句型What can you do？I can...询问并回答某人能做什么事情。

（4）能够完成关于课余文化活动的调查并填写调查表。

2. 学习能力

（1）培养学生自主学习、小组合作学习的能力。

（2）培养学生认真倾听别人观点，并能勇敢表达自己观点的习惯。

3. 思维品质

通过观察和思考，学会推断和自我表述，培养开阔的思维能力。

4. 文化品格

（1）能够积极参与文娱活动，丰富课余生活。

（2）能够了解琵琶、武术等有中国特色的传统文化。

（3）能够培养兴趣、爱好，强化兴趣爱好的意识。

四、教学重难点

1. 教学重点

能够听懂、会说上述核心短语和词汇。

2. 教学难点

能够在情境中灵活运用所学词汇、短语和核心句型进行对话和自我表述。

五、教学过程

Step 1. Warm up & Revision

（1）Greeting

（2）Sharp eyes

（3）About me

T：Boys and girls，you know my name. Do you want to know more about me? So try to ask me.

PPT给出提示：English name，favourite，can，often do，Are you...? Do you ...?

（4）About you

a. T：Now， you know more about me. What about you？ （T asks Ss）

b. T：Do you want to know something about your classmates？ Can you ask him/ her any questions？ （T asks Ss）

（设计意图：师生互动，活跃课堂气氛。通过Sharp eyes活动复习已学动词短语。教师通过About me和About you两个环节，激发学生运用已学句型进行提问，促进学生自主思考。教师通过这两个环节让学生熟悉和初步模仿新句型What can you do？ I can...）

Step 2. Let's try

（1）Look and say

If you can do that， please tell me "I can ...". If you can't do that， please tell me "He / She / They can ...".

图1 复习操练活动：看图说话

（2）Make a chant

Run， run， I can run.

Jump， jump， I can jump.

Read， read， he can read.

Sing， sing， she can sing.

Draw， draw， they can draw.

Play， play， we can play.

（设计意图：Look and say活动让学生根据图片并结合自己的实际进行自由表达，Make a chant活动让学生进一步操练核心句型。）

Step 3. Presentation

1. Lead-in

T：Boys and girls，I want to share some pictures with you. Look，they are my students. They join the hobby groups of our school.

This is Candy. She is a sweet girl. She can dance.

This is Tom. He is strong. He can sing English songs.

This is Lisa. She is smart. She can play the pipa.

This is Tutu. He can do kung fu. It's good.

This is Moon. She can draw cartoons. So cool.

They can do many things at the show. I'm so proud of them.

（**设计意图**：教师通过PPT呈现"学校兴趣小组展示活动"的图片，并进行介绍，整体输入所学词汇，让学生整体感知语言。）

2. Teach the new words

教师通过剪影、遮挡、听声音等形式呈现新词，并进行phonics教学和句子操练。

（1）dance

T：What can Candy do？She can dance. 引出单词dance。

① Look and say：What can he / she / ... do？_____ can _____.

② Talk：How about you？Who can dance？

（2）sing English songs

T：What can Tom do？He can sing songs. 引出sing songs。

① sing songs / sing a song，sing English / Chinese songs 拓展单复数和不同语言歌曲的表达

② Look and say：What can _____do？_____ can _____.

（3）play the pipa

① Listen and say：Listen and tell me what they can do. 听音辨别，引出短语 play the pipa。

② Look and say：_____can _____do？_____can _____.

③ To know some Chinese traditional instruments：play the pipa，play erhu，play guzheng

T：I hope you can love our Chinese traditional instruments and enjoy the beautiful music.

（拓展其他乐器的表达，特别是中国古典乐器）

④ Let's find：What differences can you find out？（区别球类和乐器表达的不同）

（4）draw cartoons

T：Do you remember the girl Moon？What can she do？引出draw cartoons。

① 学生自主学习，找出学习单词的各种方法

T：How to read and remember this phrase？Do you have a good idea？Please discuss with your partner.

② Talk：Who can draw cartoons？_____can _____.

（5）do kung fu

① Look and guess

T：Look at the picture. The boy can draw cartoons. What can he draw？Please guess.（A panda）

T：What can the panda do？He can do kung fu.

② do kung fu 请老师帮忙检查学生读音

③ Look and say

（设计意图：教师通过剪影、遮挡、听声音、猜测等形式呈现新词，并运用phonics进行教学，然后提供图片和句子支架，从易到难，层层递进，让学生运用语言。教师创设机会让学生自主讨论学习，让学生互相检查评价，培养学生的自主学习能力。）

3. Good to know

T：Let's watch the video about our traditional culture. We are proud of it. We love China.

（设计意图：教师借助小视频让学生感受中国传统文化的魅力，让他们以中国传统文化为傲，并进行爱国教育。）

4. Listen and read

略。

5. Let's chant

Candy，Candy，what can you do？I can dance，sing and dance.

Tom，Tom，what can you do？I can sing，sing English songs.

Lisa，Lisa，what can you do？ I can play，play the pipa.

Moon，Moon，what can you do？ I can draw，draw cartoons.

Tutu，Tutu，what can you do？ I can do，do kung fu.

（设计意图：教师再次呈现"学校兴趣小组展示活动"的图片，总结并改编成chant，通过chant再次巩固本课的核心句子和词组。）

Step 4. Practice & Extension

1. Do a survey and talk with your partner

（1）Group work：What can you do？ I can ...

（2）Give a report：Who can ...? ...can ...

（设计意图：开展调查活动，学生通过小组和同伴交流的形式，自主运用语言进行对话，最后在班级里进行汇报，对学生的要求层层递进。）

2. Try to join the Hobby Groups

（1）Talk about the Hobby Groups. "I'd like to join the _____ Group, because I can _____."

T：Boys and girls， you can join our Hobby Groups. Look！ The new Hobby groups for this term are here. We have Music Group， Sport Group， Art Group and Cooking Group. I'd like to join Music Group， because I can sing songs. What about you？ Please talk about it in your groups.

（2）Write the personal resume and show it.

表1 教师展示的personal resume

Personal Resume（个人简介）	
Name	Miss Li
What can you do?	I can sing English songs. I can play the piano.
Hobby Groups	I will join the Music Group.

（设计意图：教师以思维导图的形式呈现 Hobby Groups和本节课所学动词短语的关系，并引导发散性思维，让学生根据实际情况自由交流。填写"个人简历"并对所学内容进行输出和综合运用。）

Step 5. Summary

Everyone should have a hobby and try to do it. It can make your life more interesting.

Step 6. Homework

（1）Find your hobby group members and share you hobby with them.

（2）Make a mind map.（提供范例）

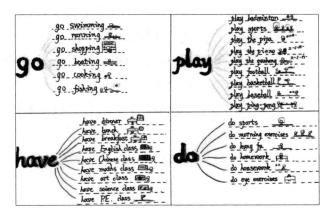

图2　学生的作业范例

【板书设计】

Unit 4 What can you do?

A Let's learn

What can you do?　I can $\begin{cases} \text{dance} \\ \text{sing English songs} \\ \text{play the pipa} \\ \text{draw cartoons} \\ \text{do kung fu} \end{cases}$

【教学反思】

本节课的教学主要围绕英语核心素养四个维度来进行设计，其中我更关注"学生如何学"这一点。

其一，营造愉快的语言氛围，把快乐带进课堂。我想以"快乐"作为一种教学理念，让学生在较轻松的状态下学习新知识。因此，我设计了Sharp eyes、Let's chant、Look and say、Listen and guess等活动，让学生能够在猜猜玩玩中掌握语言。

其二，注重培养学生的自主学习能力和思维能力。在本课初始，我鼓励学生向老师和同学提问题，了解一些基本信息，目的在于培养学生"想问会问"的能力；在教学draw cartoons时，我让学生与同桌讨论如何记忆新词；在教学do kung fu时，我让学生当小老师，互相检查拼读的方式是否正确；在拓展环节，我还设计了让学生互相调查和介绍自己的活动，让学生综合运用所学语言进行自我表达。整节课有需要学生独立或合作完成的任务，学生参与面较广，这可以充分调动学生学习的积极性和主动性。

其三，注重渗透文化情感教育。在这节课中，我不仅延伸拓展了各类中国传统乐器，更是结合视频，让学生感受到舞蹈、乐器、功夫、国画等中国传统文化的魅力，让学生以中国传统文化为傲，从而进行爱国教育。

Unit 4 We love animals Part A Let's learn 教学设计

汕头市绿茵小学 林祥鹏

一、学情分析

1. 教材分析

本课时是第四单元的第二课时，学生通过本课时的学习，掌握pig、bear、cat、duck、dog五种动物的名称以及与这五种动物相关的歌谣。

2. 学生分析

参与本次学习的是三年级的学生，他们接触英语才半学期，绝大部分学生对英语还处于懵懂的阶段，所掌握的单词及句子很少，但他们对新鲜的事物都抱有一定的好奇心，喜欢在游戏中学习，对直观的东西比较容易接受。因此，在教学中，教师要注重寓教于乐，尽量为学生提供一个轻松、有趣的语言环境。

二、教学目标

1. 语言能力

（1）通过学习，学生将认识pig、bear、cat、duck、dog五个单词的音、形、义。

（2）通过学习，学生将学会吟唱歌谣。

2. 思维品质

在学习中，培养学生的推理和判断能力。

3. 文化意识

通过学习，学生将了解不同国家对狗的态度的不同。

4. 学习能力

通过学习，呼唤学生热爱动物，热爱生命，热爱大自然。

三、教学重难点

1. 教学重点

本课时要求学生掌握五种动物的名称。

2. 教学难点

引导学生综合运用所学知识，对自己喜爱的动物进行简单的描述。

四、教学准备

多媒体课件、动物图片等。

五、教学过程

1. Warm up

（1）Introduction and greeting

教师首先做自我介绍，并随机询问个别学生的简单信息，然后师生互相问候。

（2）Let's do

教师说指令，学生做动作，看谁做得又快又准。如：Black, black. Stand up. White, white. Sit down...

2. Preview

Watch a video

教师播放Unit 3 C Story time部分的故事，学生观看故事视频，并布置今天的学习任务。

T：In the story, Zoom and Zip make a puppet. Today, we are going to make some puppets, too. Let's make the puppets together, OK? Here are the puppets. Guess, what are they?

展示五个装有玩偶的盒子。

3. Presentation

（1）cat

T：Here is the first puppet. What's this? Let's guess.

教师通过PPT逐一展示字母c-a-t，指导学生说出每个字母的发音，并指导学生拼读单词cat。

T：What's this? Oh，yes，it's a cat. Now，look at the screen. Is this a cat?

教师通过PPT展示一组猫的图片，让学生认识不同的猫，最后展示一只肥猫的图片，让学生观察，引导学生学习并有节奏地诵读句子Look at the cat. It is fat. 结合图片，理解句子的意思。

（2）pig

T：Now here is the second puppet. Let's look at it. First，please pick up a piece of paper. Let's paint.

教师让学生拿出笔和纸，学生在教师的引导下，画出pig的简笔画，然后学习单词pig及句子Look at the pig. It is big. 教师还要引导学生谈谈对猪的看法。

（3）dog

T：Here comes the third puppet. What is it? Let's listen.

教师播放狗的叫声，学生通过声音自主说出动物名称，然后教师播放一组狗的图片，让学生认识不同的狗,再让学生学习句子Look at the dog. It's on the log. 其中log可以通过替换字母的方式，让学生推理出它的发音，然后通过图片让学生学习其含义。教师最后组织学生谈谈现实生活中对狗的认识。

（4）duck

T：What is the next puppet? Look here，please.

教师通过手影，让学生学习单词duck，并通过一组图片加深学生对duck的认识，然后让学生学习句子Look at the duck. It's in the truck. 其中truck可以通过替换字母的方式，让学生推理出它的发音，然后通过图片让学生学习其含义。

（5）bear

T：What is the next puppet? Look here，please.

教师通过课件展示Zoom的图片，学生通过Zoom的自我介绍，学习单词bear，然后学习句子Look at the bear. It's on the pear. 同样通过替换字母学习

pear的发音，再通过图片学习单词的含义。

Let's chant

教师播放音乐，学生跟着音乐有节奏地吟诵韵律诗。

4. Consolidation and extension

Draw and discuss

T：Today， we meet so many animals. Which animal do you like? Please draw and colour it. Then show it to your classmates.

教师组织学生谈谈自己喜欢哪一种动物，并让学生画出来，然后让学生对自己画的动物进行介绍。

5. Summary

T：Animals are our friends. We should love animals. Now I have a video for you. Let's watch it.

教师组织学生观看人与动物友好相处的视频，引导学生认识到动物是人类的好朋友。

6. Homework

【板书设计】

Unit 4 We love animals

A Let's learn

Picture	Picture	Picture	Picture	Picture
Word	Word	Word	Word	Word
Sentence	Sentence	Sentence	Sentence	Sentence

人教版小学英语第七册 第四单元 第一课时

Unit 4 I have a pen pal Part A Let's talk 教学设计

汕头市金珠小学 元梓娟

一、教材分析

本课时是人民教育出版社小学六年级英语上册第四单元的教学内容。与传统教材相比，新教材更强调学生的学习兴趣、生活经验等，书中的插图生动活泼，趣味性强，更注重学生学习兴趣的培养。新教材根据新课程标准要求进行编写，以"话题—功能—结构—任务"相结合的原则，力求使话题、功能、结构和任务四个方面在比较真实的情境中紧密联系，融为一体；提倡"任务型"的教学模式，让学生在教师的指导下，通过感知、体验、实践、参与和合作等方式，完成学习任务，感受成功。学生在学习过程中进行情感和策略调整，以形成积极的学习态度，促进语言实际运用能力的提高。

本单元的主题是"I have a pen pal"。本课围绕"兴趣爱好"这一话题展开，主要内容是对某人的兴趣爱好和一般现在时句型的学习。教学内容承接五年级下册五、六单元，在已学过动词现在分词的基础上，教师引导学生认知like doing sth句型，懂得在like的后面接动词-ing形式，表示"喜爱做……"，能表达自己的兴趣爱好，并用第三人称描述别人的兴趣爱好。学生通过对该句型的学习和运用，培养了结交朋友的意识，也持续培养了学习英语的兴趣。

二、学情分析

经过两年多的学习，大部分学生对英语仍然保持着浓厚的兴趣，但有少数学生由于遇到困难，学习兴趣可能会开始减退。因此，在教学中，这个时期应该以学生的发展为宗旨，以培养学生的创新精神和实践能力为重点，面向全体学生，在激发学生兴趣的同时注意到学生中存在的两极分化，教学内容注意由易到难，循序渐进，在知识的复现中做好及时补差工作，扎实地从每个学生抓起。六年级的学生学习比较理性，在以活动为课堂教学的主要形式的同时，教师要充分发挥任务型教学在高年级的优化使用，设计丰富多彩的教学活动，有效地完成教学任务。学生已具备了一定的英语基础知识，在三年来的英语学习中接触并掌握了大量的句型和动词词汇。本单元涉及的大部分动词短语在第六册学生用书中已经出现过，生词较少。在教学中，教师应尽量多地帮助学生不断巩固所学知识，通过任务型教学，让学生在感知、实践、参与、合作中完成任务和目标，体验成功的喜悦。教学中，教师还应培养学生的听说读写能力，尤其要加强学生认读、拼写的能力，重视阅读能力和写作能力的同步培养，重视英语作为语言的交际功能。

三、目标导向

学生在五年级已经学习了现在进行时，对动词-ing形式的变化规则已有初步的认识。因此，大部分学生对I like doing... 的句型理解和运用应该不会有太大的困难，但它作为"What are your hobbies？"的答句，学生在对话时也许不能很快地反应过来。还有部分学生对于一般现在时第三人称单数的动词如何正确使用容易出现混淆，因此，教师在教学中要重视知识复现的及时引导及强化训练，在培养学生听说读写能力的同时重视阅读能力和写作能力的同步培养。

四、教学目标

1. 认知目标

（1）能够听、说、读、写句型What are Peter's hobbies？He likes reading stories. 并能在实际情境中灵活运用。

（2）能够独立完成Let's try部分的练习。

（3）能够理解对话大意并能按照正确的语音、语调朗读对话。

2. 能力目标

能够在情境中运用句型What are sb's hobbies？ He/ She likes...交流相关内容。

3. 情感目标

培养学生通过了解兴趣爱好结交朋友的意识，持续培养其学习英语的兴趣。

五、教学重难点

1. 教学重点

掌握句型"What are Peter's hobbies？ He likes reading stories."。

2. 教学难点

在实际情境中正确运用句型"He/ She likes ..."。

六、教学准备

多媒体课件、教学卡片。

七、教学过程

Step 1. Warm up

（1）Greeting：教师先通过日常对话自然引入课堂教学，以询问学生喜欢什么活动引入教学。

T：Good morning，boys and girls. How are you today？ What do you do on the weekend？ What can you do？ Do you like cooking/singing/dancing？

（2）Revision：教师出示图片，让学生根据图片用动词-ing形式复习动词短语，如：doing kung fu。教师再询问：Can you do kung fu？ S：Yes，I can./ No，I can't.

（**设计意图**：通过师生间的对话复习和巩固已学动词的-ing形式和现在进行时的句型，为本课句型like doing sth的知识点做好铺垫。）

Step 2. Lead in

引入。教师告诉学生，在生活中，除了面对面，我们还可以通过发邮件或写信等方式结交朋友。

T：In our daily life，we have many friends. How do we make friends？

Sometimes we make friends online. For example，we can make friends through e-mails or letters. We don't have to meet them in person or face to face. We call them pen pals or pen friends.

（设计意图：教师通过描述以什么方式交朋友自然导入pen pal这一表达。）

Step 3. Presentation

（1）Let's try. 先做对话内容的相关练习。

① T：Zhang Peng is talking with Oliver about his pen pal，Peter. What are his hobbies？ Guess.

Does he like playing football？ What's he like？

② What's "hobby"？ It means you are interested in doing something. When you do something you like，you feel very happy.

③ Listen to the dialogue and check the answers. 校对答案。

（设计意图：通过听力练习为进入正式的对话教学做好准备。）

（2）Let's talk. 对话教学。教师提问，播放对话短片之后，学生回答问题。

① If you have a pen pal，what do you want to know about him？

② T：Do you want to know more about Peter？ Oliver and Zhang Peng are talking about Peter. Let's watch the video of the dialogue and answer the following questions：

A：Where does Peter live？ He lives on a farm.

B：What does he often do on the farm？ He often reads stories to the cows.

C：What are Peter's hobbies？ He likes reading stories，swimming and doing kung fu.

③ Check the answers. 在观看两次视频后，根据内容校对问题的答语。

（设计意图：教师先抛出问题让学生对新课内容有初步印象，接着让学生从整体上感知语篇，再通过问题的设置，让学生从观看的短片中提取信息做出回答，这也使学生对语篇有一个大概的理解。）

④ Watch the video again and answer the following questions. 教师再次播放短文的视频内容，并抛出本课的新授句型。

A：What are Peter's hobbies？

B：What are Oliver's hobbies？

C：What about Zhang Peng's? According to the answers， the teacher tips the pictures on the blackboard.

（设计意图：进一步设置问题并逐步解决，让学生对语篇有进一步的理解。）

D：Play a chain game. 接着玩接龙游戏。

E. 教师提问：Can Zhang Peng sing songs? Can he sing English songs? Which song can he sing? 教师播放歌曲《茉莉花》。

（设计意图：教师通过相关视频和接龙游戏，使学生加深对句型和语篇的印象。）

⑤ Read the dialogue after the video. 学生跟读短文内容。

⑥ Read the dialogue by the students. 在熟悉并了解所学内容后，教师请学生用正确的语音和语调朗读课文内容。

⑦ Role-play. 请同学们进行角色扮演，以小组形式用所学的新句型进行问答，并请两组学生到讲台上进行表演。

（设计意图：通过活动的设置让学生初步学会如何表达已学的句型。）

Step 4. Practice

（1）Do a survey. 请学生通过询问对方的兴趣爱好操练本课的新句型。

教师先示范介绍自己好朋友的爱好，并指导学生调查同桌或好朋友的兴趣爱好，然后汇报。

调查问题：Who is your best friend?

What's he/she like?

What are his/her hobbies?

（2）Finish the passage. 根据调查的内容完成下面的短文，然后请学生口头表达。

I am a _____. I am _____. I like _____ and _____. _____ is my good/best friend. _____ is a/an _____. He/She _____ in _____. He/ She likes _____ and _____. We have the same hobbies.

（设计意图：通过游戏和练习培养学生综合运用语言的能力和书面表达能力。）

Step 5. Summary

T：What did you learn about this class?

（1）like后面加动词-ing形式的用法。

171

（2）学习了询问兴趣爱好的句型：What are sb's hobbies? He/ She likes...

【设计意图】

总结的环节帮助学生归纳知识点，理清思路，有助于学生对知识的记忆。

Step 6. Homework

（1）Copy the four-skill sentences.

（2）Talk about your or your family members' hobbies with your partner.

（设计意图：书写和交谈使学生综合运用所学知识的能力得到进一步巩固和提高。）

【板书设计】

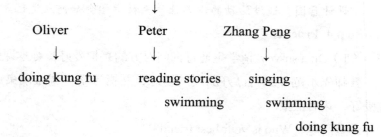

Unit 4 I have a pen pal

A. Let's try& Let's talk

What are Peter's hobbies?

He likes reading stories.

↓

Oliver   Peter   Zhang Peng

↓   ↓   ↓

doing kung fu   reading stories   singing

swimming   swimming

doing kung fu

【教学反思】

本节课是PEP六年级上册Unit 4的第一个课时，内容为对话课，其主要目的是使学生获得为交际初步运用英语的能力。在设计中，我以贯穿语言的交际性为原则展开教学。首先注重建立宽松和谐的语言环境。在热身环节中，通过和学生的交流，我以旧知What do you do on the weekend? What can you do? Do you like singing? 引入，带动新句型 What are your hobbies? 为接下来的新授做好铺垫。同时以男女生两小组之间的竞赛引发学生的竞争意识，引起他们积极参与教学内容的兴趣。其次利用"信息差"培养学生的思维品质。在新内容授课环节中，通过问题的设置，我让学生回答问题，师生之间进行信息的交换与交流，完成语言的反馈；再引导学生关注文本，提炼本课的核心句型，使他们在信息传递的过程中发展语用能力。接着，进行多维度操练。学生分别通过角色朗读和设置任务围绕本课的主要句型进行操练，从而达到理解巩固并能自如地运用所学句型进行沟通交流的目的。

当然，本节课还有很多需要思考和改进的地方，比如，在引入部分，可以设置有梯度的问题，让学生通过逐步理解降低新知学习的难度；教师搭建的支架不够充分，学生在交际中还存在一定的问题；在教学环节中进行适当的调整能让教学过程更加合理，使教学手段实施得更加顺畅。

人教版小学英语第三册　第四单元　第三课时

Unit 4 My home Part A Let's spell 教学设计

汕头市金砂小学　王　馥

一、教学内容

PEP Book 3 Unit 4 My home A Let's spell

二、教材分析

本节课主要学习u-e在单词中的发音规则，共由三个部分组成。第一部分Read，listen and chant呈现了u-e在单词中的发音规则，并通过一个歌谣强化了学生对发音规律的记忆。第二部分Listen，circle and say是听录音完成圈单词活动，通过听力活动对比u/u-e的发音，训练u/u-e的音形对应关系。第三部分Listen，circle and write是让学生根据单词的意义听音并圈出所听到音素的字母，并能够在四线三格中拼写符合u-e发音规则的单词，锻炼学生在四线三格中书写的规范性和美观性。

三、学情分析

本课时为四年级第四单元的语音课。四年级学生在此之前已经学习了21个辅音字母和5个元音字母"a, e, i, o, u"的发音以及字母组合"a-e""i-e""o-e"的发音规律，有了一定的知识储备。本单元的"u-e"发音教学可以利用学生现有的语音知识进行引导，通过复习旧知，引导学生进行发现式的学习，利用游戏引入，通过观察、感知、体验，自己归纳出新课内容"u-e"的发音，再通过有节奏的chant进行操练，区分字母组合"u-e"和字母"u"的发音的不同。同时培养学生良好的语音学习习惯，做到见词能拼，听音能写。

四、教学目标

1. 语言知识目标

学生能够了解u-e在单词中的发音规律。

2. 语言技能目标

（1）学生能够朗读含有u-e的单词。

（2）学生能够根据所听到的音素圈出字母。

（3）学生能够在四线三格中拼写单词。

（4）学生能够根据听到的录音进行圈单词的活动。

3. 情感态度、学习策略、文化意识目标

（1）学生能够积极参与课堂学习活动。

（2）学生能够通过发现式的学习对所学语音进行归纳，记住u-e在单词中的发音规律。

（3）能运用"Excuse me！"这个句子在自己打断别人时表示抱歉。

五、教学重难点

1. 教学重点

（1）学生能够感知并归纳u-e在单词中的发音规则。

（2）能读出符合u-e发音规则的单词。

（3）能根据单词的读音拼写符合u-e发音规则的单词。

2. 教学难点

u/u-e在单词中发音的区别。

六、教学准备

课件、单词卡、自制游戏材料、磁贴、小奖品等。

七、教学过程

Step 1. Warm up

1. Sing a phonic song and watch a phonic video

（设计意图：欣赏并吟唱26个字母的基本发音，通过视频了解字母u的发音。）

2. Introduce

因为是异地教学，学生对老师不熟悉，我借用自我介绍的环节顺便引出老师的英文名字"Candy"，询问学生喜不喜欢candy，再出示candy图案的奖贴，告诉孩子们今天要为自己的小组争取candy小奖贴，赢的小组可以获得real candies as the prize。

3. Game：Sharp eyes

（PPT快闪呈现本册书前三个单元含有a-e，i-e和o-e的单词，以及三年级学过的含有字母a，i，o的单词，学生快速抢答读出单词。）

（**设计意图**：复习已学过元音字母的长短音并通过快速抢答的方式让学生回顾旧知，教师借此检查学生的掌握情况。）

Step 2. Presentation

1. Lead in

（1）用自制卡片复习字母u的发音，请学生读出单词并粘贴在黑板上。

（**设计意图**：复习之前学过的字母"u"的发音，为本课u-e发音的学习做铺垫。）

（2）Magic stick "e"

（在复习完字母u的发音后，教师告诉学生：I have a magic stick. I can change the pronounciations of the words on the board. Do you want to know? 激发学生的好奇心。然后教师出示一支写有字母"e"的星星小棒，将小棒贴近黑板上含有字母"u"发音的单词，再读给学生听，在学生仔细听完第一次的时候询问："Do they have the same pronounciation？"尝试着让学生发现发音的不同。）

（**设计意图**：尝试让学生自己发现规律，也是对前三个单元所学的 silent "e"的规律的一个归纳。）

2. New words

（1）PPT呈现一只可爱的小猫图片，free talk引导学生说出形容cat的单词cute。

T：Look！It's a ...

Ss：It's a cat.

T：The cat is very... 引出并教学单词cute。

（**设计意图**：利用光盘课件的点读模式，进行跟读，总结u-e的发音规则。）

强化u-e的发音，了解拼读方法，并通过出示孩子们熟悉的动物，引导他们自己来描述，借此引出语音词。

（2）教学单词use。

T：The cat is cute，and it is also clever. Now I have a chant for you.（引出课本的chant，让学生听后找出和cute中u-e发音规律相同的单词，引导学生观察并说出use这个词。）

（设计意图：通过有节奏的韵律，引导他们自己来找出u-e发音相同的单词，借此引出语音词。）

（3）学习单词excuse。

PPT呈现小猫不见了的图片，教师询问学生："Excuse me！Where is my cat？"学生猜猜小猫会在哪里？教师反复读出句子，再引导学生注意老师用什么句子来打断学生学习，询问猫去了哪里！学生回答后，老师告诉学生这个句子可以用于打断别人时表示抱歉，接着跟读录音读出单词excuse，引导学生如何拆解发音，由use到-cuse再加入ex-合成，这个词由两个音节组成。

（设计意图：教师通过引导学生拆音，记认单词的拼写，教学单词语音的同时，把单词的用法以及教育学生要当有礼貌的孩子这层教育意义包含其中。）

（4）PPT呈现小猫坐在立方体上的图片，学习单词cube。

T：Oh. Where is the cat？ Is it in the classroom？ Let's find it.

Ss：Oh！It's on the cube.（PPT中小猫坐在立方体的上面，立方体上有单词cube，引导学生尝试拼出单词，再回答It's on the cube.）

（5）PPT呈现小猫在管子里的图片，引出并学习单词tube。

T： The cat is naughty. Where is it now？

Ss：Mmm！ （学生可以边猜边说，教师出示PPT，引导学生说出It's in the tube.）

T：Look at these words. What do they have in common？

Ss：U-e.

T：Read these words again and tell me what the pronounciation of "u-e" is？

T：U-e sounds ...

（设计意图：引出两个语音词汇，拓展学生的单词量。）

Step 3. Practice

（1）Listen, circle and say （课本P40）

（课件呈现含有u-e的单词的后半部分，利用快看快说形式强化u-e的发音。）

（2）Game：I can catch!

（教师发给每个小组一个信封和一个盘子，学生拿出卡片后先在小组里尝试拼读出卡片上的单词，再选一个反应快的同学，在老师读出语音词后快速地黏住或是吊起该单词，放在盘子上。）

（**设计意图**：教师设置竞赛形式的游戏环节，既借此让学生复习本节课的语音知识，又能够活跃课堂气氛，激发孩子们挑战的欲望。）

（3）Listen, circle and write （课本P40）

Step 4. Extension

1. Summary

Read the words on the blackboard. Find out the differences of the pronounciations.

（**设计意图**：回顾本节课重点发音以及语音单词，学生能自主地区分"u"和"u-e"发音的不同。）

2. Choose a task you can finish

Task 1：Can you retell the story with the mini book?

Task 2：How many words can you spell?

（利用自制的拼读卡和mini book，以小组为单位进行拼读练习，之后小组展示。）

（**设计意图**：以上两个环节一易一难，组内的孩子可以根据自己的程度选择，强化u-e在单词中的发音规律，在巩固提升环节通过一个简单的绘本，学有余力的孩子们结合本节课所学的语音知识进行阅读，锻炼了自主阅读能力。）

T：You are so clever. Let's count how many candies and how much ice cream you've got.

Step 5. Homework

（1）跟录音模仿读Let's spell的内容三遍。

（2）和朋友一起玩拼音游戏，拼读包含u-e的语音词。

（3）写出字母u在单词中有不同发音的3—5个例词。

【板书设计】

Unit 4 My home
A Let's spell

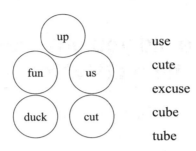

use
cute
excuse
cube
tube

【教学反思】

　　本节语音课主要的授课对象是四年级的学生，本节课的重点在u-e发音的教学上，我把本课时的语音词和拓展的语音词汇串连成一个故事进行教学，课中借助chant帮助学生强化u-e的发音，在教学中利用小组合作的方式培养学生解决问题的能力，掌握拼读单词的能力，进而达到独立阅读mini书的能力。

　　在教学设计与课上，我都期望学生能够愉快地学习，掌握拼读的技巧，所以在课前热身复习、课上的图片、游戏环节的物品以及迷你书和拼读卡的选择上，我都采用能吸引孩子们眼球的图案，在激趣的准备上比较充分。在前面三个单元的铺垫下，学生对元音字母碰到不发音的字母"e"时发字母本音的规律已经有了一定的概念，也能够积极地反馈给老师他们的知识储备。到了拓展环节的游戏，听老师读音，找出单词，因为需要快速的反应，有些学生就可能因为不确定，或者需要预留时间整理区分而显得有些吃力。整节课学生的学习热情比较高，都乐于发言，参与学习，能勇于表达自己的想法，不怕出错，这是最让我感动的。

　　这节课也让我反思到自己在设计中的一些不足，在引入故事情节时，我希望孩子们用学过的知识大胆想，勇敢说，但是没有给足支架，使得他们思考的方向不够明确，不知从何着手想；再者就是没有考虑到在游戏环节的小组活动中，虽然孩子们参与的热情很高，但是有些孩子没有机会展示。这是今后我在做教学设计时要多注意的点。

人教版小学英语第八册　第三单元　第六课时

Unit 3 Where did you go? Part C Story time 教学设计

汕头市蓝天小学　林丽玉

一、教学内容与学情分析

本课内容选自2012年版PEP Book 8 Unit 3 Where did you go？的故事板块，讲述Zoom的梦境：Zoom去了太空旅游，回来后和Zip一起谈论他的太空旅游，最后发觉原来是自己做了一个梦。除了复习巩固以前学过的谈论假期活动的句型How was your holiday？ Where did you go？ How did you go there？ What did you do？ Did you...? 还巩固了本单元表示假期活动的词汇。本节课依据故事内容，结合《大猫英语分级阅读》中的绘本故事*Blast Off to the Moon*！进行拓展阅读，激发孩子们对探索宇宙奥秘的好奇心，孩子们通过了解人类特别是我国在探索太空方面所做的努力，树立起民族自豪感和自信心。

本节课的授课对象是小学六年级学生。在学习本课之前，学生已经掌握了一定量的有关假期活动的词汇，会用句型How was your holiday？ Where did you go？ How did you go there？ What did you do？ Did you...? 来进行交流。经过课前调查，授课班级的大部分学生家长都有意识利用假期带孩子们出游，增长见识，有些孩子的足迹已经遍布大江南北，视野较广阔。本节课以学生感兴趣的旅游话题作为切入点，鼓励学生用所学语言进行交流，通过故事文本和增加的绘本阅读拓宽孩子们的视野，扩大到太空之旅，激发孩子们对探索宇宙奥秘的好奇心，增强他们的民族自豪感和家国情怀。

二、教学目标

1. 语言能力目标

（1）能较为熟练地运用句型How was your holiday？Where did you go？How did you go there？What did you do？Did you...？来谈论假期活动。

（2）能听懂和理解故事内容，朗读并表演故事，并能在情境中运用故事中的语言。

2. 学习能力目标

培养学生用疑问词"how、where、what、when"等自主提问的能力；培养学生小组合作交流解决问题的能力。

3. 思维品质目标

学会提取、分析、归纳、整合和运用信息的能力；培养学生多维度的发散性思维。

4. 文化意识目标

了解人类特别是我国在探索太空方面做出的努力和取得的成果，渗透有梦想就会有希望，只要努力梦想终究会变为现实的价值观；激发孩子们对探索宇宙奥秘的好奇心，树立起民族自豪感和家国情怀。

三、教学准备

多媒体课件、人物头饰、图片、学生自我评价表、worksheet等。

四、教学过程

Step 1：Warm up

（1）Sing a song：Where did you go on your holiday？

（2）Let's chant：What did you do today？

What did you do today？ I read a book.

What did you do today？ What did you do today？ I drew a picture.

What did you do today？ What did you do today？ I wrote a letter.

What did you do today？ What did you do today？ I took a nap.

（设计意图：课堂伊始，通过动听悦耳的歌曲和富有节奏感的chant，创设一个轻松愉快的课堂氛围，调动学生学习的积极性，复习本单元主要的单词和句型，为接下来的学习做好准备。）

Step 2：Lead-in

（1）呈现一组本班学生旅游的照片，给出 What、Where、How、Who等疑问词，学生根据图片提问并回答。（图1—图5）

图1　吃美食

图2　桂林之旅

图3　坐轮船

图4　全家出游

图5　公园游玩

（**设计意图**：本活动尊重学生在学习中的主体地位，在照片和疑问词的帮助下，学生进行提问，有效培养在情境中灵活运用本单元核心句型进行交际的能力。利用同学的旅游照片创设的情境真实自然，能有效激发学生的表达欲。）

（2）呈现班里一名女同学的旅游照（图6），请学生根据疑问词对该名女同学进行采访。

S1：Where did you go?

S2：How did you go there?

S3：What did you do there?

T：What else do you want to know? Ask as many questions as you can.（鼓励学生积极开动脑筋，打破所提供的疑问词支架，进行发散性思维。）

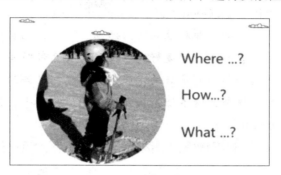

图6　滑雪

通过该名女同学的回答和照片解答学生所提问题后，出示不完整语篇，让学生两人合作完成。（图7）

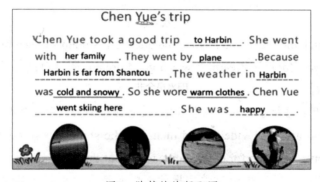

图7　陈越的旅行配图

（设计意图：此活动以一名学生的一次旅游为情境进行谈论，情境具有整体性和真实性，有利于学生语言的真实输出和灵活运用。对话后，通过填充文本的形式让学生更好地掌握如何描述一次出游，有效地提高学生口语和书面表达的能力。同时为引出Zoom的special trip做铺垫。）

Step 3. Story Time

（1）Listen and write the words or sentences you heard. 播放Story time中第一幅图和第二幅图的音频内容，学生仔细听两遍并记下所听到的单词或句子，并进行提问反馈，找全信息，然后播放视频验证听力信息。通过图片和自然拼读法让学生掌握生词：spaceship。

音频内容为：

Zoom：Am I on the moon？I can't believe it！She must be Chang'e. Oh，there is the rabbit.

Zoom：It's time to go. Good！Here comes the spaceship.

（设计意图：此活动为开放性的听力活动，学生根据自己的听力水平记下自己所听到的单词或句子，程度好的学生可能会全部听写下来，程度较弱的学生只听写下一两个单词也是好的。教师通过提问反馈后，集思广益，可以把听力的信息几乎找全，这不但锻炼了学生的听力水平，他们也在信息沟的促使下找全听力信息。）

（2）出示故事第3和第4幅图（图8），学生观察图片后进行自主提问。

图8 故事配图

（3）Watch the video and answer the questions students raised by themselves.

T：All was Zoom's dream. It was a good dream. 通过自然拼读法让学生掌握dream的发音。

（设计意图：培养学生仔细观察图片、进行预测和提问题的自主学习能力。）

（4）Read after the video，and then dub the story. Let students practice in groups. And have a chance for the students to act out the story.

（设计意图：通过跟读让学生模仿人物的语音语调，为故事配音和表演故事，这能让学生更好地理解故事的内容，内化故事承载的语言。）

（5）通过补充文本信息复述Zoom的月球之旅。（图9）

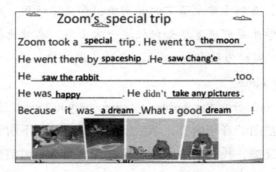

图9 Zoom的月球之旅配图

（**设计意图**：复述故事，能让学生更好地理解故事内容，以另一种方式进行输出，有利于培养学生思维的多维性。）

Step 4. Extension

（1）Watch and choose.

T：Was it a dream to go to the moon？ Who went to the moon before？ Let's watch a video and choose. 学生观看以《大猫英语分级阅读》中的绘本故事*Blast Off to the Moon*！为蓝本自制的视频并进行选择。

（2）Introduce the background of going to the moon.了解人类特别是我国在探索太空方面做出的努力和取得的成就，渗透有梦想就会有希望，只要努力梦想终究会变为现实的价值观。

图10　阅读材料配图

（**设计意图**：通过拓展阅读，丰富学生的见闻，培养学生的科学素养，激发孩子们对探索宇宙奥秘的好奇心，让他们树立起民族自豪感和自信心。）

Step 5. Homework

（1）Read the story.

（2）Read the picture book.

（3）Know more about the space.

（**设计意图**：将课堂所学延伸到课外，转化为真实的语言运用，保持学生学习的可持续性。）

【**板书设计**】

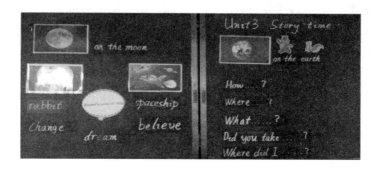

【教学反思】

1. 情境引领，在切换中培养多维度的思维能力

英语学习活动离不开语境，以话题为引领，能激发学生真实情感的表达，实现语言的交际功能。本节课的话题是旅游，先由学生身边的同学入手，呈现一组旅行的图片，激发学生的兴趣，制造交流的信息沟，然后引导学生用疑问词进行提问，满足他们的好奇心。在这样的情境中，学生的表达真实、自然，思维得到启发。

教师通过身边同学的旅游自然切换到Zoom的太空之旅，学生的思维得到扩展，然后拓展绘本*Blast Off to the Moon*！让学生了解人类一直以来对太空的艰难探索，再介绍中国在太空探索方面所取得的成就，在情境的适度切换中，学生学会多维度思考问题，思维能力得到有效培养。

2. 情感参与，在体验中培养活化语言运用能力

教师通过身边同学的旅行照片，唤起学生对旅行的相关情感体验，在积极的情感参与下，学生打开话匣子，进行有效而真实的交流。了解了人类对太空的探索后，学生激发起对太空的探索欲，聚焦我们中华民族在太空探索方面所取得的成就，唤起他们的民族自豪感和爱国情感。在一连串积极情感的参与下，学生运用所学语言进行交流，真正达到学以致用的目的，提高了语言的综合运用能力。

3. 绘本嵌入，在融合中培养阅读素养

绘本图文并茂，语言生动有趣，符合小学生的认知特点，能有效激发学生的学习兴趣，提升学生的阅读素养。在本课中选择《大猫英语分级阅读》中的绘本故事*Blast Off to the Moon*！的主要依据是该绘本内容与教材文本内容话题相关性强，话题一致，能有效拓展和延伸教学主题。

通过绘本的嵌入教学，学生能认真倾听，专注进行绘本阅读，积累和记忆一定的词汇，提升对课外阅读绘本的兴趣，提升阅读素养。

Unit 4 I have a pen pal Part A Let's talk 教学设计

汕头市陇头小学 林艳星

一、课型

对话课。

二、授课年级

六年级。

三、学情分析

本节课的教授对象是六年级的学生，他们已经进行了三年多的英语学习，已经具备一定的英语听说能力，能通过图片、上下文等理解文本，并完成学习任务。在本节课前，学生们已经学会用英语来询问他人和谈论自己的兴趣爱好。

四、教学分析

本部分学习的核心句型是：What are Peter's hobbies? He likes... 教材通过张鹏和Oliver谈论笔友Peter的情境，让学生感知上述句型的语义及语用情境。

五、教学目标

1. 语言能力

（1）能够在图片和教师的帮助下理解对话大意，并回答相应的问题。

（2）能够按照正确的语音、语调及意群朗读对话，并能进行角色扮演。

（3）能够在情境中运用以下句型：What are sb's hobbies? He/ She likes ...谈论他人的爱好。

（4）能够在语境中理解生词live、jasmine、idea的意思，并能正确发音。

2. 学习能力

在学习的过程中养成自主思考的习惯。

3. 思维品质

（1）通过观察图片捕捉主要信息，并根据提示做出听前猜测。

（2）能够对所学内容进行归纳、总结、再创造。

4. 文化意识

（1）了解中国民歌《茉莉花》的背景，提高学生弘扬中国传统文化的意识。

（2）培养学生具有通过了解对方的兴趣爱好等结交好友的意识。

六、教学重难点

1. 教学重点

学习句型What are sb's hobbies?　He/ She likes...

2. 教学难点

能整合所学句型，谈论自己的朋友等。

七、教学过程

Step 1. Warm up

（1）Sing a song：What are your hobbies?

（2）Free talk：What are your hobbies? Do you often...on the weekend? Are you going to...this weekend?

（3）About me：　Ss ask some questions about the teacher and complete the sentences.（见图1到图4）

图1 About me配图

图2 About me配图

图3 About me配图

图4 About me配图

（**设计意图**：通过歌曲活跃课堂气氛，并复习hobby的相关内容；通过教师与部分学生之间的free talk，调动全班学生的知识储备；通过全班学生对教师进行提问的活动，达到复习、巩固、活跃思维的效果。在这个过程中，学生初步学习在认识新朋友时可以问的一些问题。）

Step 2. Presentation

（1）Let's try

① Look at the picture（见图5）and guess：What are Zhang Peng and Oliver talking about?

图5 PEP Book 7 Unit 4 I have a pen pal P37插图

② Listen and answer： What are Zhang Peng and Oliver talking about?

③ Explain the new phrase： pen pal.

学生通过听录音，找到上面题目的答案。教师结合图片（见图6）和语言：They often write letters and e-mails to each other. But they never meet. They are pen pals. 让学生理解该短语的含义。

图6　用图片的方式让学生理解pen pal

（设计意图：听对话前对内容进行猜测，让学生对对话内容有初步的预期，使听力活动更有意义，并自然引出本节课的主题pen pal。）

④ Listen and then write down T or F.

Q 1.（　　　　）Peter likes basketball.

Q 2.（　　　　）Peter isn't tall.

（设计意图：培养学生在听力过程中获取信息的能力，引出课文的主人公：Peter，为接下来的学习做铺垫。）

（2）Let's talk

① Talk about the photo of Peter.（见图7）

图7　PEP Book 7 Unit 4 I have a pen pal P38插图

（**设计意图**：学习对话之前对Peter的爱好、生活习惯等情况进行猜测，让学生对对话内容有初步的预期，使听力活动更有意义。）

② Listen to the recording and answer the question：What are Peter's hobbies?

学生通过听录音，找到该问题的答案：He likes reading stories，doing kung fu，swimming and singing. 在学生回答问题的过程中，教师继续追问：Do you like...too?　Do you want to make friends with him?　Why?　Why not?

（**设计意图**：教师通过听录音回答问题的活动，加深学生对课文的理解。教师通过追问，培养学生通过询问兴趣爱好结交好友的意识。）

③Watch the video and answer the questions：What does Peter often do? Why?

学生通过听录音，找到这两个问题的答案：He often reads to the cows. Because he lives on the farm.

④ Discuss：Do you often read to the cows? Why? What do you do in Shantou?

学生通过思考，结合自己的生活实际，回答：No，I don't. Because we live in Shantou. We often...in Shantou.

（**设计意图**：通过这一活动，教师可以检查学生是否理解新单词"live"的含义。教师通过进一步的追问，让学生感受不同生活环境与生活习惯之间的关系。）

⑤ Watch the video again and discuss：

Q 1. What is Zhang Peng going to do?　Why?

学生通过观看对话视频，首先回答：He is going to teach him the Chinese song "Jasmine Flower". 并各抒己见，就张鹏为什么要教Peter唱这首歌发表观点。

在学生们发表完自己的观点后，教师也结合音乐和图片（见图8）发表自己的观点：It's a famous folk song in China. Maybe Zhang Peng wants to carry forward the Chinese traditional culture.

接着，教师播放一个视频，让学生进一步理解中国传统文化。

图8 歌曲《茉莉花》的背景介绍

Q 2. What are you going to do if you're Zhang Peng?

学生分组讨论，并进行汇报。

（设计意图：教师通过以上两个讨论，让学生了解中国民歌《茉莉花》等各种中国传统文化，提高学生弘扬中国传统文化的意识。教师通过对学生提出更深层次的问题，充分扩展学生的思维。）

Step 3. Consolidation & Extension

（1）Ss read after the recording, and try to imitate the pronunciation and intonation.

（设计意图：通过模仿跟读的活动，学生养成良好的朗读习惯，并进一步增强对对话内容的理解。）

（2）Sum up

（设计意图：通过简单的师生问答回忆对话内容，在这个过程中教师逐步完善板书内容，学生思维化零为整，为接下来的对话活动做铺垫。）

（3）Ask some questions about the teacher's pen pal.

教师告诉学生们，自己也有一个笔友，并展示笔友的照片（见图9），让学生们看着照片并根据提供的关键词向教师提出关于笔友的问题：What's her name? What is she like? What are her hobbies? ...

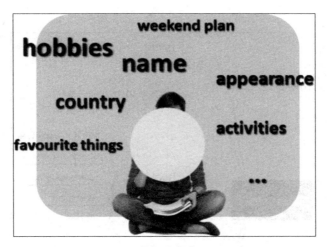

图9 教师的笔友配图

（**设计意图**：学生在前面的对话学习中已经积累了很多关于谈论笔友的句型。通过这个活动，学生可以在一个较为真实的语境中运用这些句型，教师也可以从中了解学生对这些句型的掌握程度。图片中教师把笔友挡住了一部分，这能引起学生的好奇心和提问的欲望；关键词可以启发学生的思维。）

（4）Talk about their best friends in groups/ pairs.

（**设计意图**：通过生生对话的方式，学生的交际能力得到进一步的提升。）

Step 4. Homework

（1）Recite the dialogue.

（2）Talk about your best friend and try to make new friends.

【**板书设计**】

Unit 4 I have a pen pal

A Let's try & Let's talk

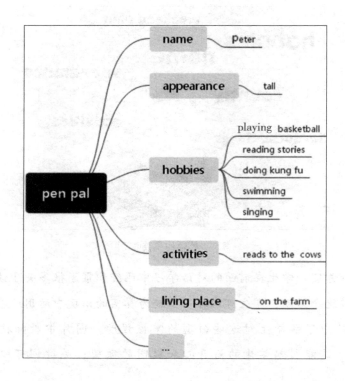

【教学反思】

本节课的教学内容是PEP Book 7 Unit 4 I have a pen pal A Let's try & Let's talk。本部分学习的核心句型是：What are Peter's hobbies？He likes... 教材通过张鹏和Oliver谈论笔友Peter的情境，让学生感知上述句型的语义及语用情境。本节课的课型是对话课。通过这节课的学习，学生要能整合所学句型，谈论自己的朋友或身边的人。为了达到这一目的，我充分挖掘文本，从中找出张鹏在谈论笔友时所提及的相关信息：name、appearance、hobbies、activities、living place等。在教学过程中，学生通过听音、回答问题、讨论等活动逐步获取这些信息，并最终与教师一起生成思维导图，在思维导图的提示下向他人询问朋友的相关信息。在本节课中，我做到了以下几点：

1. 注重培养学生的预测能力

在进行听力活动前，我多次让学生结合配图对内容进行预测，这样做可以在一定程度上活跃学生的思维，调动学生的知识储备，还可以激发学生的学习积极性。为了看看自己的预测是否正确，学生会在听力活动中更加投入。例如，在Let's try环节，我先让学生一边观察本单元主情境图，一边猜测：What are Zhang Peng and Oliver talking about？ 在猜测的过程中，有的学生提到了friend，这为接下来的听力活动奠定了基础。又例如，在进入Let's talk的学习之前，我先给学生们展示主人公Peter的照片，并提问：What do you see in the picture？ Can you say something about Peter？ 在学生进行了一番Brain storm后，我告诉学生：Let's know more about Peter. 然后进入对话教学。

2. 注重在英语教学中渗透中国传统文化

学习英语是为了交流，交流不应该仅限于听、说、读、写这四个方面，还可以是文化上的交流。一名英语教师应该去发现教材中隐藏着的中国传统文化。本节课的文本中提到：Zhang Peng is going to teach Peter a Chinese song *Jasmine Flower*. 于是我提问：Why？张鹏为什么要教Peter唱这首歌？学生们经过讨论思考，各抒己见：Because Zhang Peng likes singing. Peter likes singing，too. Because Peter likes this song. 我继续追问：Why does Zhang Peng choose this song？ 然后我一边播放歌曲《茉莉花》，一边介绍歌曲的背景，并提出自己的idea：Maybe Zhang Peng wants to carry forward the Chinese traditional culture. 接着我又播放了一个视频，加深学生对中国传统文化的了解。在看完视频后，我再次追问：What are you going to do if you're Zhang Peng？ 让学生展开讨论，把弘扬中国传统文化这一"任务"落到实处！

3. 关注学生对知识的掌握情况

在对话课的教学中，往往会出现一两个生词，有时候我们会直接向学生解释其含义，但其实有些我们所认为的生词，可能学生们已经在学习过程中通过前后文理解了，所以我们的解释显得多此一举。在这一节课中，有一个环节让我印象深刻：Watch the video and answer the questions：What does Peter often do？ Why？ 学生们的回答是：He often reads to the cows. Because he lives on the farm. 其中，单词"live"第一次出现在课本中，为了了解学生对这个单词的掌握情况，我继续提问：Do you often read to the cows？ Why？ 学生们的回答是：No， because we live in Shantou. 通过学生的回答，我知道他们已经通过对话的情境理解了单词的含义，所以我就没有对该单词做过多的解释。

人教版小学英语第二册　第二单元　第三课时

Unit 2 My Family Part A Let's spell 教学设计

汕头市丹霞小学　卢省吾

一、教学目标

1. 语言知识

（1）能够在单词ten、pen、red、leg的发音中总结出字母e的发音，并能辨认这四个词的词形。

（2）掌握字母e的短元音发音/e/。

2. 语言技能

（1）培养学生的语音意识：学生能辨认出单词里是否含有/e/的发音；能感知到/e/在单词中所处的位置；能拼读出含有e的CVC结构的单词；能将单词分解成若干音素。

（2）能够理解并阅读小故事。

3. 情感态度

（1）能在学习中获得成就感，体会到学习的乐趣。

（2）培养帮助别人的美好情感。

（3）懂得自然界的一切生物都有自己的生存法则，都值得尊重的道理。

4. 学习策略

逐步做到见到符合发音规律的词能拼读，听到符合发音规律的词能拼写；能够阅读英语小故事。

二、教学内容分析

1. 教材内容的地位、作用与意义

本学期，学生进入对五个元音字母短音发音规律的学习。同时，字母的书写活动不再是孤立的单个字母的仿写，而要在单词的拼写中进一步巩固字母的书写形式。学生经过对Let's spell 的学习，逐步做到听音能写，见词能读，最后为他们能够阅读英语故事打下基础，扫清障碍。

2. 教材的编排特点、重点和难点

（1）在将字母e和发音/e/建立联系的过程中，培养学生的语音意识。

（2）培养学生英语阅读的能力。

三、教学对象分析

（1）学生在三年级上学期已经掌握了26个字母在单词首字母中的发音，具备初步的语音拼读和语音分离意识。

（2）学生在听故事、读故事、讲故事的过程中，学会e的单元音发音，在老师设置的情境中进行语音意识的培养；学生逐步做到见词能读，听音能写。

（3）学生具有强烈的好奇心和表达欲望，思维活跃，对丰富的学习资源非常感兴趣。

四、教学过程

1. 教学设计思路

本课时的教学以故事*Red Hen and Yellow Fox*为主线，通过教师讲故事引出四个例词ten、pen、red、leg，并在单词的发音规律中总结出字母e的发音。整节课的设计思路是：故事引入，创设情境→ 阅读设问，引出例词→ 发现读音，例词解码→ 游戏操练，动静结合→ 听说拼读，培养意识→ 轻松迷你，故事阅读→ 小结评价，分级作业。

2. 教学过程（步骤、目的、教师活动、学生活动、媒介运用）

（1）Greeting

T：I am Lulu. I'm happy to be your teacher today. Now let me tell you something about me.

I'm from Shantou. I like singing and drawing pictures. I also like reading stories. What's my favourite colour?

Oh，I like red. How about you？And my favourite food is eggs. Do you like eggs？

My favourite animal is cats. What about you？

So this is me. Do you want to be my friends？

活动：教师向学生做自我介绍。

目的：拉近与学生的距离。

媒介运用：课件。

（2）Warming-up & revision

T：I like singing. So first，I have a song for you.

活动：教师学生跟着视频齐唱歌曲*Alphabet Sounds*。

目的：节奏明快的歌曲为学生创设轻松的学习氛围，同时复习了26个字母在单词中的发音。

媒介运用：视频。

（3）Presentation

a. T：Today we are going to read a story. There are two animals in the story. What animals？Guess！I'll give you some tips.

b. T：Look！There is a hen and a fox in the story.

活动：学生在老师的提示下猜测故事里的动物。

目的：教师用头脑风暴的活动，引发学生对故事的兴趣，同时培养他们的发散思维能力。

媒介运用：图片。

a. T：What colour is Hen？How many eggs？

Let me tell you the story. Hen is red. Hen has yellow legs. Hen has ten eggs. Yellow Fox likes eggs. Eh，eh，eh，eh，eh... Yellow Fox goes to the pen. Help，help！Help Hen get the eggs.

活动：教师向学生提出问题后，展示Big-book，学生们带着问题听老师讲故事。

目的：让学生在听故事的过程中，无意识地接触到大量含有短元音/e/发音的词语。

媒介运用：Big-book。

b. T：I have two questions for you. Look at the screen，and you can read the questions.

活动：学生听完故事之后，回答两个问题：What colour is Hen？ → Red. How many eggs？ → Ten.

目的：利用绘本进行教学，培养学生的阅读能力。

媒介运用：课件。

c. Discuss：Do you like Red Hen or Yellow Fox？ Why？

活动：教师向学生提出问题，讨论故事主角"Yellow Fox"和"Red Hen"。

学生选择自己喜欢的故事角色，并将相应的头像贴纸贴在自己的身上。

T：So we have two teams. Team Hen and Team Fox. We can have a battle.

活动：教师根据学生的自主选择，将学生分为狐狸组和母鸡组，激发他们进行竞争。

目的：培养学生的竞争意识，激发他们参与课堂活动的热情。

媒介运用：图片、贴纸。

To learn the words and the sound of "e".

a. T：I like Red Hen. Because she is kind. She loves her eggs. She loves her babies. Do you remember the details of Red Hen...

Hen is red. Hen has ten eggs. Hen has yellow legs. Hen lives in the pen.

活动：教师将母鸡挂图贴在黑板上，带领学生描述母鸡，并将四个例词red、leg、ten、pen的词卡贴在挂图旁边。

b. Match the words and the pictures.

T：I have some pictures here. Can you match them with the words?

T：Look！ There is a picture left. What is it?

活动：教师出示五张图片，由两个学生将图片贴在相应的单词旁边。教师展示剩余的一张图片"围栏"，引导学生猜测它是属于哪个单词的，学生根据故事内容猜到pen的另外一个意思就是"围栏"。

目的：这四个例词是学生之前学过的，他们可以直接点明词义。学生通过故事内容猜测出pen的另外一个意思是"围栏"，这也是对学习内容的拓展。

媒介运用：图片、词卡、课件。

c. The students find out the same letter "e" and the same sound /e/.

T：Can you read the words? Ss：Red, leg, ten, pen.

T：How many sounds are there in "red"? Ss：Three, r- e- d- red.

T：How many sounds are there in "leg"? Ss：Three, l- e- g- leg.

T：How many sounds are there in "ten"? Ss：Three, t- e- n- ten.

T：How many sounds are there in "pen"? Ss：Three, p- e- n- pen.

T：Look at the words, and they have the same letter. It's...? Ss：E e.

T：They all sound...? Ss：/e/.

活动：学生读四个例词，找出四个例词共有的字母e，并在读音中发现它们的共同发音/e/。

目的：学生自己发现发音规律，培养学生通过观察进行推理的思维能力和逻辑思维能力。

d. Let's sound and do.

活动：教师引导学生将单词进行解码，并加上动作和节奏，学生在这个过程中学会拆音、拼音，如：r-e-d red，并用同样的方式解码leg, ten, pen。

目的：TPR活动，让学生动起来的同时，练习单词的拆音、拼音。

媒介运用：课件。

e. Where is /e/?

活动：教师引导学生找出/e/ 在词语中的位置。

目的：培养学生的音位意识。

媒介运用：课件。

Practice：

T：Red Hen has ten eggs. Yellow Fox likes eggs. Yellow Fox goes to the pen. Who can get the eggs? Maybe...

S1：Yellow Fox/Red Hen can get the eggs.

T：Team Hen, you help Red Hen. Team Fox, you help Yellow Fox.

活动：学生说出自己的想法，谁能得到鸡蛋。教师激励学生帮助自己喜欢的动物。

目的：培养学生的竞争意识。

媒介运用：课件。

Task 1：Let's blend.

T：Let's enjoy a chant.

活动：学生们先欣赏一首有关拼音练习的Chant，并跟唱。

目的：通过Chant的学习，培养学生的拼音能力。

媒介运用：视频。

T：I have more words for you. Try to blend.

活动：教师通过课件出示更多CVC词语，每个词语的旁边附有狐狸或母鸡的图标，对应的小组成员站起来，将单词拼读出来。

目的：通过Chant的学习，学生已经掌握了含有/e/音CVC词语的拼读方法。教师利用这个拼读游戏，进一步加强学生拼音能力的培养。

媒介运用：课件。

Task 2：Let's make up the words.

活动：学生听录音，判断听到的单词中含有哪些字母。这个环节以打地鼠的游戏形式开展，学生用抢答的方式互动。

目的：培养学生的拆音能力。

媒介运用：课件

Task 3：Let's listen.

T：Read, listen and circle the words.

活动：学生听录音，并圈出所听到的单词，全部听完之后，个别同学用举左手或右手的方式表示选左边的词还是右边的词，并将词语读出来，其他同学校对答案。

目的：培养学生的听音辨音能力。

媒介运用：课件、任务纸。

Task 4：Let's read and write.

T：It's time to read the story by yourselves. Take out your mini-books.

活动：学生打开迷你故事书，安静地阅读。

目的：培养学生的阅读能力。

媒介运用：Mini-books

T：Now close your books. Take out your answer sheets. You have a task. Fill in the blanks.

活动：学生拿出任务纸，根据故事内容，将所缺单词填上。

目的：培养学生的书写能力。

媒介运用：任务纸。

Task 5：Let's find out /e/.

T：Can you find more words with the /e/ sound? Circle the words.

活动：学生们找出故事中含有/e/发音的单词，并将它们圈出来。

目的：培养学生的语音意识，能够辨认单词中是否含有/e/的发音；能拼读含有/e/发音的CVC结构的单词。

媒介运用：课件、任务纸。

Task 6：Let's read aloud.

T：Try to tell the story with emotions.

活动：学生有感情地讲故事，个别同学上台展示。

目的：通过故事，学生接触更多带/e/音的词。学生有感情地讲故事，感知语言，习得语言，培养阅读的兴趣和自信心。

媒介运用：课件、Mini-books。

Summary & extension

（1）短元音 /e/。

（2）T：How many words do you have？Let's read.

活动：学生看黑板上得到的字母组成的带e的CVC结构的单词，并尝试将自己获得的单词读出来，教师对"母鸡组"和"狐狸组"的表现进行评价。

目的：总结性评价，教师通过该环节也可了解到学生这节课的学习效果。

（3）T：Congratulations！Yellow Fox/Red Hen has the eggs. But...is sad. What can we do for her/him？

活动：教师引导学生帮助没有获胜的动物。

目的：引导学生懂得每个生物都应该得到尊重。

（4）Group work：The Pet Bat

活动：学生以小组为单位，每组负责绘本中的两幅图，尝试将内容读出来。

目的：通过这项拓展任务，学生互相合作学习，锻炼了见词能读的能力，并在阅读绘本的同时，培养了阅读习惯和阅读能力。

媒介运用：课件、视频。

Homework：

可任选其中一项完成：

（1）Tell the story to your family.（1级）

（2）Write an ending for the story.（2级）

（3）Try to read the story *The Pet Bat*（英语趣配音）.（3级）

【板书设计】

Unit 2 My Family

A Let's spell

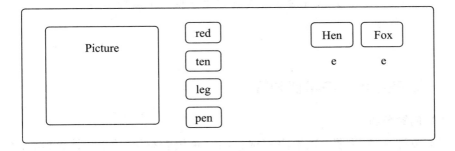

朗文英语教材　5A　第三课时

Chapter 6 A public holiday Part C 教学设计

汕头市金平区私立广厦学校　辛燕舒

一、教学内容与学情分析

1. 内容分析

本节课是读写课，教学内容选自朗文英语教材五年级上册Chapter 6 A public holiday Part C Let's read。本课为单元第三课时。教材内容为配图故事，讲述Mike打算在假期里参加写作竞赛的心路历程，学生跟随Mike参加写作竞赛前的思考和变化，体验故事中Mike参加竞赛前的白日梦。在故事教学过程中，学生需要运用不同的阅读策略理解故事，通过提问题获取信息，提高思维品质。故事内容接近学生生活实际，容易激发学生的学习兴趣。

2. 学情分析

本班的学生经过几年的学习，已经具备了一定的语言知识，掌握了一定的学习策略。在第一二课时的学习中，学生已经掌握了基本句型：What will you do ...? I'll ...和相关的活动词汇。

二、教学目标

1. 语言能力

能运用基本句型：If ... I'll...联系生活实际描述白日梦；

能运用已学的疑问词：what、who、where、why、how等对故事内容进行提问以获取信息；

能通过图片和故事内容了解故事中人物的不同特点；

能根据提示词复述故事内容，感受阅读的乐趣。

2. 思维品质

能运用预测、质疑、讨论等方式提出问题，训练思维能力。

3. 学习能力

能在教师的引导下运用不同的阅读策略阅读故事，获取信息。

三、教学重难点

1. 教学重点

能运用疑问词对故事内容进行预测、提问，以获取信息；

能运用不同的学习策略阅读故事内容，复述故事内容。

2. 教学难点

能通过学习故事内容，将故事中的人物和事件与生活实际相联系，综合运用语言。

四、教学准备

头饰、板书磁贴、单词卡片、小组学习任务单等。

五、教学过程

Step 1. Warm-up

（1）Greeting：

Q：What day is it today? And if it's Sunday, what will you do?

（2）Get the students to talk about their holiday plans, using the sentence pattern：If ... I'll ...

（**设计意图**：课前通过师生对话，复习If条件状语从句的同时，为下面谈论winter holiday巧设铺垫，让学生带着轻松自然的心情进入新课的学习中。）

Step 2. Presentation

（1）Pre-reading

① Invite the student Cindy to introduce her experience in a writing competition in Hongkong last year. Present some pictures about the writing competition at the same time on PPT.

② The Teacher introduces a trip to Hongkong.

③ The teacher encourages the students to enter the writing competition of 2017.

（**设计意图**：第一，通过呈现Cindy去参加写作比赛以及旅游的图片，让学生初步感知故事情境，激发学生的学习兴趣，让学生在不知不觉中融入故事情境。

图1　学生Cindy在写作比赛现场的照片之一

第二，通过学生Cindy介绍去年去香港参加写作比赛的相关经历，教授新词：leaflet、ticket、competition、prize等，为学生接下来的阅读扫清词汇障碍。第三，师生以"Entering the writing competition"为话题进行对话，在此说明评价方式，鼓励学生积极表现，拿到更多的奖品券。）

④ The teacher shows the leaflet of the coming writing competition of 2017, introduces something about it, and teaches the phrases "beat the deadline" and "miss the deadline" through the calendar.

图2　以学生自创的海报自然引入和呈现写作比赛的阅读主题

（**设计意图**：通过海报的对比呈现，教授新词；创设与课文主题相关的情境"A writing competition"，既让学生在真实的情境中学习，运用目标词汇，又激发学生的阅读兴趣。）

（2）While-reading

① Fast-reading

Let students read the whole story and answer the question：Did Mike write the story for the writing competition?

② Detail-reading

A. Read the paragraphs about picture 1 and ask the questions：a. What did Mike want to do on his holiday? b. What is the first prize?

B. Ss read the paragraphs and try to answer the questions.

C. Retell the paragraphs from 1 to 3 about picture 1 according to the key words.

（**设计意图**：第一，设计问题任务，让学生带着问题阅读文本，帮助学生更好地理解故事内容。第二，让学生根据目标词汇复述文本内容。）

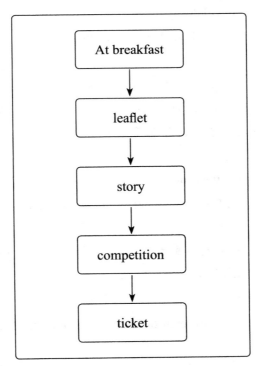

图3 呈现学生复述文本内容的部分核心词汇

D. The teacher shows picture 2，and asks students to raise questions about the picture. The teacher writes the students' questions on the blackboard, and the students read in groups to find out the answers.

（设计意图：让学生观察图片并进行提问，运用学过的疑问词：what、who、why、where、when等大胆设疑，比起老师直接提问，学生自己发现并提出问题更能激发他们的学习思维。通过小组阅读，培养学生之间的协作能力和解决问题的能力。）

E. The teacher eacher asks two more questions to check if the students really understand the passage. Then the teacher shows the key words and retells the story about picture 2 with the students.

（设计意图：教师进一步进行提问，帮助学生更深入地理解故事内容。）

（3）Post-reading

① Ask the students to read and find out the daydream.

② Create a situation of a daydream: "If I win an air ticket to Finland, I'll... " Ask the students to imagine if he or she wins an air ticket to Finland, what he or she will do.

③ Ask the students to share their daydream in groups, and then write down the daydream.

（设计意图：第一，通过情境设置，将文本的内容与学生的实际生活相联系，引导学生结合自己的想法，展开想象并大胆说出自己的想法，达到语言的真实运用。第二，与本节课设计的主题"Entering the writing competition"相呼应。）

Step 3. Emotional education

A daydream is nice. But doing more action is more important. Because action speaks louder than words.

（设计意图：通过对故事文本的学习，层层递进，结合故事情境和学生的生活实际进行情感教育。）

Step 4. Summary

（1）Ask the students to retell the story about pictures 1 and 2 according to the key words.

（2）The teacher eacher asks the question：If you were Mike's mother, what would you want to say?

Step 5. Homework

1. Listen and read the story about pictures **1** and **2**;

2. Think about the question about picture **3**: If you were Mike's mother, what would you want to say?

（设计意图：通过设疑，对故事的结尾进行预测，为下节课图片3的阅读做好铺垫。）

Step 6. Boardwriting

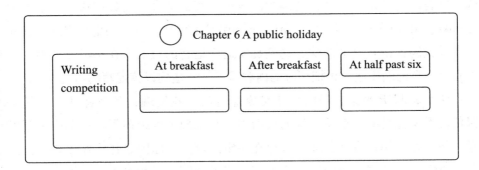

【教学反思】

在本节课中，我设计并开展了关于Chapter 6 A public holiday Part C Let's read第一课时的教学活动。我能围绕"培养英语学习者核心素养"的主题，设计与故事文本相符合的教学目标和教学任务，通过小组形式的学习活动，结合故事情境和学生的实际生活，层层递进开展教学活动。

第一，在教学中，我通过创设与故事文本相符合的主题情境为接下来故事文本的学习做铺垫，激发学生的学习兴趣，增强其学习的信心。比如：邀请学生介绍去香港参加写作比赛的经历；围绕"Entering the writing competition"的主题进行会话。

Cindy：Hello，boys and girls. I'm Cindy. I went to Hongkong last winter holiday. In December，I got the leaflet about the writing competition. I was so excited. I got an air ticket to Hongkong. And I went to Hongkong by plane. I entered the writing competition in January. And I got a prize：a trophy and a travel to Hongkong. I was so happy.

这节课我巧用基本句型"If..."和思维导图，将文本的内容与学生的实际生活相联系，引导学生结合自己的想法，展开想象并大胆说出自己的想法，达到真实运用语言的目的。

第二，在教学中，我注重培养学生发现和提出问题的能力，鼓励学生大胆思考，激发学生的学习思维。比如：让学生观察图片二并进行提问，运用学过的疑问词what、why、where等提出问题，引导学生用已学的句型进行提问，通过小组活动，共同解决提出的问题，给予学生自己思考的时空，发挥学生的主观能动性。

第三，在教学过程中，我将文本的内容与学生的实际生活相联系，体现读写结合的有效课堂模式，特别关注听说读写的结合。比如：在引导学生学习Mike's daydream之后，给出Mind map引导学生结合自己的生活实际，展开想象并大胆说出自己的想法，达到真实运用语言的目的。在小组活动中，学生先分享自己的想法，再把相应的内容写下来，达到以读促写的目的。

课后，与听评课老师们相互交流探讨后，我发现：整节课从老师的备课角度看是充足的，但从学生的反馈中，我发现个别组孩子在活动中需要思考，他们在挖掘自身储备知识时存在一定的落差，原因是什么？比如：让孩子们小组合作共同解决问题，这反而局限了个别孩子的思维。如果能从学生的认知角度思考，给予更多的思维冲突设计，或者再多给点儿时间，是否可以得到更多的反馈呢？在接下来的阅读教学中，我将带着这些思考继续实践和探究，进一步帮助学生进行阅读学习。

Unit 3 Look at me 复习课教学设计

汕头市龙湖区教育局教研室 方玉华

一、学情分析

三年级的学生刚接触英语不久，对英语学科充满兴趣，他们活泼、好动，对新鲜事物有极大的好奇心，观察能力和模仿能力强。但是，他们的语言积累较少，在本课之前只学习了基本问候语Hello./Hi./How are you?/Nice to meet you./Goodbye./Bye.等，还学习了有关颜色、文具、五官等英语单词。

本单元的话题是身体部位，要求学生能听、说、认读身体部位单词body、face、head、hand、leg、foot、arm、eye、ear、 mouth、nose等，能听懂、会说Clap your hands./Open your mouth.等指令语并做出相应的动作，能用Look at me./This is the.../This is my...等句型介绍自己、他人或布偶的身体部位。本节课教师需要通过多样化的活动巩固学过的单词和句型，为学生提供语言输入，搭建语言支架，帮助学生在活动和任务中运用语言知识，提高语言素养。因此，所有的教学活动应为学生创设语境，让学生能够在交际活动中灵活运用句型，达到语用目的。

二、教学目标

语言能力	• 复习有关颜色和身体部位的单词，并用短语如：a blue body、yellow eyes等描述身体部位；能在活动中运用本单元所学句型Look at me. This is the / my...
学习能力	• 能提高动手和小组合作能力，在活动中培养学习的兴趣。
思维品质	• 能将学过的词汇进行归类。
文化品格	• 初步了解中国脸谱，感受其魅力，增强对中国传统文化的了解与热爱；在活动中加深对机器人的了解与喜爱，提高科学素养。

图1 本课教学目标

三、教学重难点

1. 教学重点

（1）用短语如：a blue body、yellow eyes等描述身体部位；

（2）运用本单元所学句型Look at me. This is the/my ...

2. 教学难点

运用本单元所学句型This is the/my...和表示颜色、身体部位的词汇描述本组制作的机器人。

四、教学准备

单词卡片、教学课件、微视频等。

五、教学过程

Step 1. Warm-up

1. Greeting & Free talk

师生运用Hello./Hi. I'm ... Nice to meet you. How are you? 等句型进行问好。

（**设计意图**：进行课前问好，拉近师生距离，创设轻松、自然的课堂氛围。）

2. Sing a song：*Head，shoulders，knees and toes*

（**设计意图**：轻松欢快的歌曲伴着动作开场，缓和学生的紧张感，同时复习旧知，引入本节课的课堂主题，多模态呈现知识点，使抽象的语言更加直观。）

Step 2. Review

1. Enjoy a video about robots

（**设计意图**：让学生欣赏机器人的相关视频，使学生加深对机器人的了解和喜爱，激发学生的学习兴趣。）

图2　机器人配图（形象来源于百度网站）

2. Game：I am the robot

T：I say，and you do. Clap your hands...

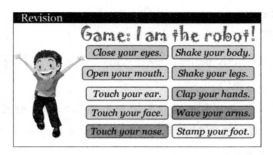

图3 复习环节"我是机器人"活动中所配的图片（图片来自授课教师制作的PPT）

教师邀请单个学生套上机器人纸箱，其他同学说出PPT呈现的指令语，机器人做出相应动作。

（**设计意图**：复习本单元身体部位词和Let's do的指令语，巩固本单元的语言知识。）

3. Game： Say out the words

PPT逐个呈现字母，学生读出完整单词。（① head ② red ③ blue ④ arm ⑤ foot ⑥ brown ⑦ face ⑧ black ⑨ body ⑩ orange）

（**设计意图**：由词入手，从音、形、义和单词归类几个方面复习颜色词和身体部位词，进一步巩固本单元的语言知识。）

4. Exercise： Look and choose

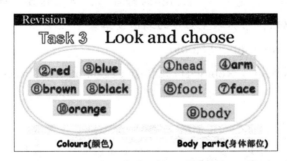

图4 复习环节单词归类活动中所配的图片（图片来自授课教师制作的PPT）

学生在worksheet上完成单词归类练习。教师在黑板上贴出word box（colours和body parts），请一个学生上台去做，校对答案；教师引导学生头脑风暴更多的单词："Can you speak out more words about colours and body parts？"并将学生补充的单词补充到板书的word box中。

（设计意图：培养学生单词归类的思维能力，同时让学生自己头脑风暴更多相关词汇，激发学生思维的发散性。）

5. Look and say

教师展示机器人五官贴纸，引导学生说出短语，如：a blue body，yellow eyes等。I have some body parts. Look! What's this? 教师可利用板书word box中的两类单词组合出短语。

（设计意图：将学生已学的颜色词与本单元词汇和句型相融合，学生由会说简单的单词过渡到会说短语或句子，提高学生的综合语言运用能力。）

Step 3. Presentation

1. Read and choose：Who is Robin?

学生阅读有关Robin的小短文，选出正确的Robin形象。

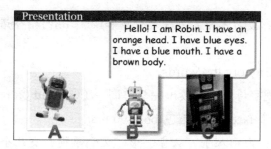

图5　新授环节阅读理解活动中所配的图片（图片来自授课教师制作的PPT，机器人形象来自百度网站）

（设计意图：激发学生对Robin的好奇心，运用语篇对学生进行阅读启蒙，以问题为驱动，培养学生初步的阅读策略。）

2. Watch a video about Robin

学生观看微视频：Robin的自我介绍（Look at me. This is my ...）。教师贴出板书。

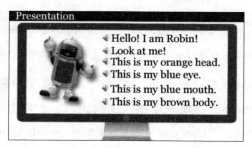

图6　机器人Robin自我介绍的图片（图片来自授课教师制作的PPT）

（设计意图：通过观看微视频了解Robin的身体部位，为学生提供语言输入，搭建语言支架，为学生的语言输出做好准备。）

3. Role-play：I am Robin

学生模仿微视频，扮演Robin，借助板书介绍各身体部位。

（设计意图：组内扮演Robin，介绍各身体部位，活动设置由易到难，层层推进，发展和提升学生的思维品质和小组合作能力。）

Step 4. Production

教师引出小组活动的任务：Do you like robots？ Do you want to make a robot？ Let's make a robot in groups.

图7　小组活动步骤的图片（图片来自授课教师制作的PPT，中间机器人的图片来自百度网站）

Group work：Make a robot

① Look and say：What body parts do you have？ （描述你们小组获得的身体部位）

例：a yellow body， blue eyes ...

② Make a robot（利用所给素材自由组合，拼出本小组的机器人）

③ Discuss（组内每位成员扮演机器人，进行自我介绍）

例：Hello！/ Hi！ I am a robot. I have ...

④ Show time（小组派一位代表上台展示并制作机器人）

（设计意图：小组合作完成设计机器人的任务，学生通过描述小组获得的身体部位、设计机器人、组内扮演机器人进行自我介绍、小组派代表进行展示等环节，综合运用颜色词和身体部位词以及句型Hello！/ Hi！ I am a robot. I have .../ This is my ...等语言知识，提高动手和小组合作能力。）

Step 5. Extension

Let's enjoy a video about Chinese Facial Masks.

215

图8　欣赏中国脸谱配图（图片来自授课教师制作的PPT）

（**设计意图**：充分利用所在学校的资源，呈现学生熟悉的该校学生绘制的脸谱作品，再次复习五颜六色的面部五官，也让学生感受中国传统文化脸谱的魅力，增强其对中国传统文化的了解与热爱，达到本节课的情感道德教育目标。）

Homework：

图9　作业图片（图片来自授课教师制作的PPT）

【板书设计】

Unit 3 Look at me

Revision

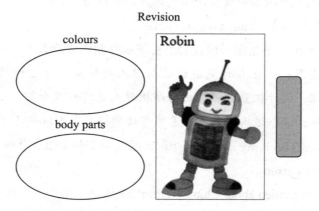

Worksheet：

任务1: Look and choose (在对应类别中填上单词序号)
①head ②red ③blue ④arm ⑤foot
⑥brown ⑦face ⑧black ⑨body ⑩orange

　　　　colours (颜色)　　　　body parts (身体部位)

任务2: Make a robot

1. Look and say: What body parts do you have? (描述你们小组获得的身体部位)

Colour words:	Body part words:
yellow, green, orange, red,	eyes, nose, mouth, ears,
blue, brown, black, purple...	face, arms, legs, body, hands...

例: a yellow body   blue eyes

2. Make a robot (利用所给素材自由组合，拼出本小组的机器人)

3. Discuss (组内每位成员扮演机器人，进行自我介绍)

例: Hello!/ Hi! I am a robot. I have ...

4. Show time (小组派一位代表上台展示并介绍你们的机器人)

知识拓展: Chinese Facial Masks (中国脸谱)
　　　脸谱，是中国传统戏曲演员脸上的绘画，用于舞台演出时的化妆造型艺术。戏曲演员在舞台上勾画脸谱来助增所扮演人物的性格特点、相貌特征、身份地位等，实现丰富的舞台色彩，美化舞台效果。

217

【教学反思】

　　本节课是PEP小学三年级上册Unit 3 Look at me的复习课。本单元的话题是"身体部位"，要求学生能听、说、认读单词body、face、head、hand、leg、foot、arm、eye、ear、mouth、nose等，能听懂、会说Clap your hands./ Open your mouth.等指令语并做出相应动作，能用Look at me./ This is the .../ This is my ...等句型介绍自己、他人或布偶的身体部位。

　　教师基于核心素养的理念来确定本节课教学目标的设定，改变了脱离语境的知识学习，将知识学习与技能发展融入主题、语境、语篇和语用之中，促进文化理解和思维品质的形成，引导学生学会学习，即指向培养学生学习能力的英语学科核心素养，同时教师注重学科本身，让学生在轻松愉快的情境中感受语言、理解语言、表达语言，从而习得语言，使学生从习得后产生的成功体中提升兴趣，挖掘学生学习的内驱力。在备课过程中，教师加强了知识之间的联系，整合学生学过的Unit 3的词汇和useful expressions（常用表达法），注重知识的建构过程，提高学生听、说、读、写的综合语言运用能力；注重跨学科整合，在英语与科学、美术整合过程中培养学生的动手能力和创造力，提升其科学素养和视觉素养，提高其用英语做事的能力，实现了学科知识与学生生活经验的和谐结合，也实现了学科知识学习与学科核心素养形成的有机统一。

　　本节课通过多样化的活动巩固学过的单词和句型，为学生提供语言输入，搭建语言支架，帮助学生在活动和任务中运用语言知识，提高语言素养。在热身环节，师生问候拉近了距离，也复习了已学的句型。师生齐唱歌曲"Head, shoulders, knees and toes"，营造了轻松活跃的课堂氛围。在复习环节，教师用一段机器人的视频激发学生的学习兴趣，介绍本节课的学习任务和评价机制，从音、形、义和单词归类几个方面复习颜色词和身体部位词，复习本单元Let's do的指令语，切实巩固本单元的语言知识，培养学生单词归类的思维能力。在呈现环节，教师大胆运用语篇对学生进行阅读启蒙，培养学生初步的阅读策略，呈现机器人Robin的相关信息，通过阅读小短文、观看微视频了解Robin的身体部位、组内扮演Robin介绍各身体部位等活动，为学生提供语言输入，以问题为驱动，层层推进，发展和提升思维品质，一步步搭建语言支架，为学生的语言输出做好准备。在产出环节，学生小组合作完成设计机器人的任务，通过描述小组获得的身体部位、设计机器人、组内扮演机器人进行自我介绍、小组派代表进行展示等环节，综合运用颜色词和身体部位词以及句型Hello! / Hi! I am a robot. I have .../ This is my ...等语言知识，提高动手和小组合作能力。在总结提升环节，教师启发学生思考机器人的功能，激发学生课后了解机器人的兴趣，提高学生的科学素养。此外，教师还充分利用资源，呈现学生熟悉的该校学生绘制的脸谱作品，再次复习五颜六色的面部五官，也让学生感受中国传统文化脸谱的魅力，增强其对中国传统文化的了解与热爱，以达到本节课的情感道德教育目标。学生的课后作业是自选完成星级任务，学生可以选择制作一个机器人并向朋友介绍或者制作一个中国传统脸谱并向朋友介绍，课后加以延伸，提高学生的创造力、动手能力和综合运用本单元所学语言知识的能力。

在本节课的设计过程中，我对如何有效实现《义务教育英语课程标准（2011年版）》提出的"英语课程承担着培养学生基本英语素养和发展学生思维能力的任务"有了更多的思考，同时尽量做到：学会等待，主动留白。学生思维的开启，教师需要以学生作为学习的主体，以一系列的活动推进学习阶段的层层递进，引导和培育学生独立地或与他人合作进行分析、探索、实践、质疑、创造等，以多种探究方法来实现学习目标，进而培养学生的自主学习能力，促进学生思维的发展。在教学过程中，教师还要注重以交流为主的策略，通过给足语言支架，指导和帮助学生完成讨论问题、阅读分享、小组活动等教学任务，让学生感受英语学习的快乐，树立积极向上的学习态度。由于是异地上课，教师课前不接触学生。三年级的学生天性爱游戏，好胜心强，有些学生在游戏教学过程中容易忘乎所以，甚至高声喊叫，因此，在游戏开始之前教师要讲清规则，并做好游戏的组织工作，让大家都参与，做到组织得法、严谨有序、活而不乱，以最有效的激励机制促使学生不断上进，同时保障教学活动或任务顺利进行。

这堂课，我觉得还有很多不足。因为本节课没有进行试教，所以在时间的把握上没能机动处理预设。由于担心学生不够时间展示，我在前面几个环节走得比较慢，导致设计的流程没有上完。如果让我再设计一次，我会预设好时间，如果时间不够，我会cut掉其他的环节，直接进入Extension的最后设计"Show time"环节，创设真实的情境让学生通过重组语言达到语用效果。

附 录 工作室走过的痕迹

知晓 能做 分辨 习惯
——浅议小学语音课上培养学生核心素养的认识

2018年9月13日上午，工作室主持人陈磊老师应金平区教育局教研室的邀请，在新乡小学三楼多功能厅给全区各小学英语教研组长开展以"小学语音课上培养学生核心素养"为主题的讲座，带领大家一起认识、理解、探讨如何在小学语音课上培养学生核心素养的问题。

一、什么是英语学科核心素养

陈老师通过呈现核心素养体系总框架的饼状图指出，当下中国学生发展核心素养以"培养全面发展的人"为宗旨，意在提升个体应对复杂情境的能力，促进个体的持续发展。

陈老师还具体阐述了英语学科的四个核心素养，即语言能力、文化品格、思维品质和学习能力。其中，文化品格核心素养不仅仅指了解一些文化现象和情感态度与价值观，还包括评价、解释、比较和归纳语篇反映的文化传统和社会文化现象，形成自己的文化立场与态度、文化认同感和文化鉴别能力。

二、什么是语音意识

陈老师从"什么是语音意识"问题切入，指出语音意识是指一个人有关语言中语音单位的知识，包括能够识别单个音素和单个音素发音的能力。

一个具有语音意识的人，能知道单词由声音单位构成，能够把连续语音流分割成具体的声音单位。学生语音意识的形成由这五个层面从低到高发展：辨别韵脚、将句子划分为单词、划分音节、识别首音尾韵、将首音尾韵组成新的音节。

陈磊老师在讲座中

三、语音意识在语言发展中的作用

接着，陈老师借助Bradley和Brayant一项为期三年的追踪研究，即用语音意识测验来测查儿童对基本语音单位的辨别和操作能力，进一步阐述其重要性。测验发现，阅读困难的儿童在反映语言发展水平的语音意识测验中得分明显低于正常儿童。这表明语音意识与儿童的阅读能力有直接的关系。

陈老师说，在实际教学中，"重听说，重交际"的思想并没有得到很好的体现，轻视语音教学的方法，忽视语音教学与词汇教学、听说、交际的关系等问题还非常普遍，英语语音教学在教学中是一个被忽视或遗忘的"块面"。她强调，对于基础教育阶段的学生来说，语音意识的培养是英语语言学习的第一步，是提高学生阅读能力的关键。

四、影响语音教学的因素

最后，陈老师列出了影响语音教学的四个主要因素，包括母语及年龄的影响、语音能力、语言输入、学习态度及动机，这些因素相互联系、相互影响。

陈老师深入浅出的讲解富有感染力，让听讲的老师们处于轻松舒服的氛围中，更重要的是让大家意识到，语音意识的培养在小学英语教学阶段的重要性。对于接下来如何设计语音教学、每个阶段的输入量等问题，大家都有了清晰的认识和思考。

工作室赴广州参加2018广东省义务教育英语适切教研研讨活动

为推进我省义务教育英语适切教研的探索研究，总结交流经验，促进教师专业发展，提升教育教研质量，广东省教育研究院在广州市文德路小学举办了为期三天的"广东省义务教育英语适切教研研讨活动"。

工作室全体成员合影

广东省各地级市的教研员和英语教师参加了此次活动，我们工作室的全体成员也有幸参与其中。

主办方特别邀请了英国教育学、教师教育领域的国际专家Angi Malderez博士为我们进行题为*Being a Researcher in Guangdong：the teaching teachers' role*的讲座。

Angi用*Mother mouse and her kids*的故事引出了作为一个mentor（a teacher of teachers）所必须具备的五要素：Model、Acculturation、Sponsor、Support、Educator。

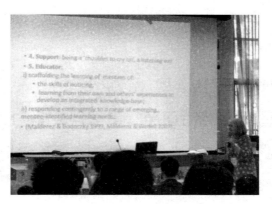

Angi Malderez博士开展讲座中

　　Angi讲故事时的体态、声音的高低起伏、表情的变化等深深地吸引着在场的每一位老师，引得现场笑声阵阵。面对这样的场景，笔者不禁反思：自己平时在课堂上是怎样的一种状态？是否能像Angi一样吸引自己的学生？

　　同时，为我们带来讲座的还有广东省教育教研院的张荣干教研员。张教研员结合自己的心得体会，从探讨"信息技术是什么？""信息技术能做什么？""信息技术要做什么？"等问题出发，进而探讨中小学英语教学与信息技术之间的联系及发展的方向。

　　主办方还请来了广东省各地的教研员和优秀的英语教师，向我们介绍他们是如何针对不同的背景因素展开适切教研活动的。值得一提的是，我们工作室的方玉华老师也是其中一员。

　　方老师以广东省义务教育英语适切教研视角理念和龙湖区小学英语教师队伍建设的现状为背景，以龙湖区小学英语教师新任教师培训活动为例，探索新任教师培训的适切教研，构建"区级培训""新任教师成长共同体""教育集团共同体研训活动""校本教研活动""汇报检验"相结合的适切培训模式，并提出了新任教师培训是与教研背景相适切的教研工作内容之一，是促进英语教师专业发展和提高教育教学质量的有效手段。

　　通过这次活动，我们工作室的老师们对适切教研有了全新的认识，对工作室接下来的发展方向有了更清晰的思路。我们非常感谢张荣干教研员给了我们这次难得的讲座！

道固远，笃行可至；事虽巨，坚为必成

——记广东省陈磊名师工作室揭牌暨入室学员跟岗活动启动仪式

2018年12月10日下午，广东省陈磊名师工作室在汕头市金平区新乡小学举行了揭牌仪式暨省级骨干教师跟岗培训开班启动仪式。汕头市教育局教研室林荣秋主任、汕头市金平区教育局党委书记蔡少文同志、新乡小学王恩生校长、陈磊名师工作室全体成员及新乡小学部分教师出席了这次仪式。

汕头市教育局教研室林荣秋主任发言

汕头市金平区教育局党委书记蔡少文发言

在仪式上，林荣秋主任和蔡少文书记为工作室揭牌。林主任、蔡书记和王校长都对工作室开展的活动给予肯定，对工作室将来的发展寄予厚望。名师工作室主持人陈磊老师也做了发言，感谢各级领导给予工作室的大力支持与指导，对工作室的未来进行了展望，工作室将会继续开展高质量的教学教研活动，为区域内小学英语教学的发展做出应有的贡献。跟岗学员东厦小学的李佩珊老师代表学员老师发言，她表示会珍惜这难得的机会，在省级平台上，在工作室主持人的引领下，继续前行，为成就更好的自己而努力。

仪式结束后，正高级教师、省特级教师、汕头市教育局教研室主任林荣秋结合自己的亲身经历，为工作室的全体与会人员做了"教师专业成长的基本路径"的讲座。他娓娓道来，循循善诱，为老师们分析教师专业发展的基本路径。林主任认为，教师的成长应该走成长、成色、成果之路，切勿进入"成俗"。整个讲座，会意的笑声不断，赞许的点头不止。最后，林主任寄语工作室："一个人可以走得很快，一群人可以走得很远。"

我们相信，道固远，笃行可至；事虽巨，坚为必成，祝愿陈磊工作室始于梦想，行于实践，成于奋进！

送教下乡，共谋进步

——与广东省陈贵妹工作室赴汤坑小学联合送教活动

按照省教育厅对省名师工作室的工作要求，为了发挥名师示范作用，加强城乡教师交流与沟通，借助优秀教师的引领和辐射作用，提升乡村教师的课堂教学能力，2019年3月28日上午，广东省陈磊名师工作室赴普宁下架山镇汤坑小学，与陈贵妹名师工作室联合开展送教下乡活动。3月29日上午，全国知名教师顺德区小学英语教研员田湘军老师莅临红领巾实验学校，亲自上了一节展示课，随后开展讲座，精彩不断，工作室成员们收获颇丰，满载而归。

工作室全体成员合影

3月28日上午，广东省陈磊名师工作室与陈贵妹名师工作室联合开展送教下乡活动。

第一节课是陈贵妹名师工作室罗琼老师带来的词汇课，教学内容摘自五年级下册Unit 5 Whose dog is it？B Let's learn。罗老师从About me环节开始这堂课，让同学们猜猜给出的关于自己的信息是否真实，复习了部分动词，并与同学们初步拉近距离，接着介绍自己的宠物狗Leo，通过让学生看图说出Leo某个时间正在做什么，教授eating，drinking，jumping等六个新词，以及句型I/He/They am/is/are...和Is/Are he/they...？等，并通过singing、guessing、let's play、let's do等活动操练巩固，让学生通过情境图文感知现在进行时的句型，掌握动词-ing形式，还通过与学生互动解决了难点each other。罗老师的课堂生动活泼，主线明确，她在一种轻松的氛围中完成了本节课的教学目标。

第二节课是陈磊名师工作室卢省吾老师带来的对话课，教学内容摘自六年级下册Unit 3 Where did you go？B Let's talk。卢老师以一首轻快的chant开始这节课，通过看图说句复习旧知，以及欣赏自己的旅游照引出这节课的话题Holidays。她给出三个疑问词Where、How、What让学生对自己的假期提问，通过一些小提示，如听听海浪声引出自己的三亚旅行，并通过挖空一封卢老师写给Amy介绍自己三亚游的邮件，逐步解决talk中的重难点。接着，她利用问题Who went to Sanya，too？引入课本Let's talk的内容，并通过 role play、find the differences、make up a dialogue层层递进的任务活动，达成本节课的教学目标。借助微课解决难点，区分sometime和sometimes是这节课的一大亮点，实现了课堂的高效性。

卢老师以自己的经历创设语境，引发对话，在对话中注重学生思维品质的培养，使学生的思维品质由低到高一步步提升，得到良好的训练。整节课轻松高效，令人耳目一新。

卢省吾老师在上公开课

在随后的评课环节中，参与听课的老师们进行了热烈的研讨。普宁市教育局英语教研员黄书旋老师对这两节课做了具体、到位的点评，并夸赞两位老师的课同样精彩，她们通过不同的任务活动达到教学目的，使语言实际运用能力得到最大的发挥，学生把知识学得更扎实。黄老师最后寄希望于所有英语老师，要怀着一颗对教育虔诚的心，努力提高自己的专业水平，尽自己最大的努力教好孩子们！

在情感维度中推动小学生英语核心素养的培养

2019年5月21日上午，广东省特级教师、广东省名师工作室主持人陈磊老师参加了汕头市教育局主办的"名师大课堂"系列活动第九讲，并担任主讲。内容包括现场执教五年级英语下册 Unit 4 When is the art show? Read and write一课及进行专题讲座"从情感维度入手，推动小学英语核心素养的培养"。全市小学五年级英语老师、各区县教育局教研室小学英语科教研员，及省工作室的跟岗学员老师共500余人参加了活动，汕头市教育局副局长金春林同志主持了开讲活动。

汕头市教育局金春林副局长

陈磊老师在上公开课

在公开课环节，陈磊老师采用了Jigsaw Reading这种有效提高学生思维能力和交流能力的阅读策略，使得这节阅读课变成了"悦读课"。在拼图游戏的模式下，学生通过阅读、分析、合作交流、整合复原等充满了挑战性和意义性的课堂活动，在逐步还原文本的过程中，进一步理解文本及其内在逻辑联系，这有效地培养了学生的逻辑思维及有效交流能力，很好地促进了学生核心素养的形成。在这个思维碰撞、温暖热闹的课堂上，陈磊老师灵动亲和的教学风格和汕头市龙湖区金晖小学的孩子们灵敏机智的学习品质，给汕头市小英人留下了深刻的印象。

市教育局教研室副主任蔡冬阳

公开课后，陈磊老师结合本节课的教学思路，进行了"从情感维度入手，推动小学英语核心素养的培养"专题讲座。陈磊老师从核心素养，有素养的教育、教师带给课堂的影响，情感维度对核心素养的推动作用三个方面，与老师们分享了真正的教育不是将教育文化与社会文化割裂，而是一种习惯，一种自觉，一种文化，一种体谅，从情感维度理解学生，理解教师自己，可以更好地推动师生核心素养的培养这一观点。

本次活动在思维的碰撞中，在情感的交流中，在满满的收获中画上了圆满的句号。最后，金春林副局长为陈磊老师颁发了汕头市"名师大课堂"荣誉证书，并寄语全市的小英人，万紫千红才是春，愿有更多的名师涌现在我市的基础教育领域。

教研无止境，让我们一直在路上奋进，修己并达人！

在课堂一线中剖析，在对撞思考中成长

——2019跟岗活动记录

2019年11月4日上午，广东省陈磊名师工作室团队及入室学员老师精神抖擞、意气风发地齐聚新乡小学。2019年度广东省陈磊名师工作室学员跟岗研修活动正式拉开帷幕。

工作室全体成员及新乡小学翁文菁校长合影

会议后，随即开始今天的词汇课展示，分别由东厦小学的李佩珊老师和青蓝小学的陈升苗老师执教。李佩珊老师执教的是五年级上册第四单元What can you do？A Let's learn，陈升苗老师执教的是六年级上册第四单元I have a pen pal A Let's learn，虽然都是词汇教学，但是两位老师的教学风格迥异，精彩纷呈。

李佩珊老师

陈升苗老师

充实的时光总是如白驹过隙，在经历满是"干货"的研修第一天后，工作室学员老师们利用有限的时间做好总结，做足准备后，又再次以饱满的激情投入第二天的研修活动。

今天的是同课异构，由陇头小学的林艳星老师和金珠小学的元梓娟老师执教六年级上册第四单元I have a pen pal A Let's talk。两位老师的教学目标明确，教学环节层层递进，环环相扣，过渡衔接自然。在观课的过程中，我们能感受到学生浓厚的学习兴趣以及思维能力的发展。

林艳星老师

元梓娟老师

11月6日，工作室跟岗研修活动进入第三天，今天为大家带来的是两节语音课，分别由蓝天小学的林丽玉老师和金砂小学的王馥老师执教。林老师执教的是PEP Book 5 Unit 5 There is a big bed A Let's spell，王老师执教的是PEP Book 3 Unit 4 My home A Let's spell。

林丽玉老师

王馥老师

　　11月7日，工作室跟岗研修活动进入第四天，今天为大家带来的是两节阅读课，分别由金平区私立广厦学校的辛燕舒老师和龙湖区丹霞小学的卢省吾老师执教。辛老师执教的是朗文1A Chapter 4 My pencil case Part C的内容，卢老师执教的是PEP Book 7 Unit 4 I have a pen pal B Read and write的内容。

　　辛老师上课沉着稳定，一步一步引导学生进行阅读。卢老师幽默风趣，学生在老师激情的渲染下积极阅读、主动思考。两位老师以不同的风格很好地培养了学生的阅读能力。

辛燕舒老师

卢省吾老师

　　11月8日上午，精彩的跟岗研修活动继续在汕头市新乡小学举行。今天新乡小学的翁校长也来到上课现场，和我们一起研修，给我们指导。

　　每天学员老师们带来的课例都让我们特别期待，收获满满。今天上课的两位老师分别是：我们工作室唯一的男学员林祥鹏老师和幽默风趣、经验丰富的方玉华老师。他们都执教三年级英语课。林祥鹏老师执教的是PEP Book 1 Unit 4 We love animals A Let's learn的内容，方玉华老师执教的是PEP Book 1 Unit 3 Look at me单元复习课的内容。

林祥鹏老师

方玉华老师

跟岗研修的第六天，我们很荣幸地邀请到粤东基础教育英语学科群首席专家、广东省名教师名校长（园长）工作室指导教师、广东省外语专业教学指导委员会英语分委员会委员、韩山师范学院张丽彩副教授，给我们省、市、区三级工作室的成员老师们和新乡小学英语组全体老师开展一场充满文化气息的专题讲座——英语学科核心素养视角下学生文化意识的培养，这一场听觉盛宴给予我们很大的启发。

讲座伊始，张教授罗列了一系列有趣的实例来了解老师们平时对中西文化差异的关注度，并从小学英语文化教学现状入手，剖析了小学英语教学中文化意识培养问题产生的原因。作为英语教师，大家都十分肯定跨文化交际意识能够提高英语学习质量，但如何在教学中渗透文化教学一直是大家的一个困惑。随后，张教授为我们拨开迷雾，从以下四个方面展开探讨解决问题的方法：文化意识在课标中的解读、小学英语教学中的跨文化意识培养、英语教师跨文化能力素质提高途径、跨文化意识培养的新思路。张教授强调，英语学科核心素养视角下的文化意识培养研究，不仅有助于培养学生对文化知识的了解、对中外文化异同的理解、正确价值观念的树立，同时对教师文化教学意识的树立起到积极作用，对核心素养的推广具有重要意义。

工作室全体成员与张丽彩教授合影

　　为期六天的学员跟岗研修活动在紧张而充实中度过，留给我们的是满满的收获和难以忘怀的经历。研修的第七天，工作室全体成员齐聚一堂开展本次跟岗研修活动总结大会。本次跟岗研修学习听课研课的主题是以学生为中心的研课观课思考，学员老师们围绕这个主题纷纷开展了词汇课、对话课、阅读课、语音课以及复习课等丰富多彩的汇报课并制作了微课。每位学员老师在课堂观察与反思的时候都能够选定一个观察点，并结合具体的课堂实施情况，开展有针对性的深度思考，形成深刻的观课反思。这在有限的时间内有效地提升了学员们多维度的观课能力，进而为提升学生的学习能力夯实了基础，拓宽了思路。我们还邀请韩山师范学院张丽彩副教授开展了别开生面的"英语学科核心素养视角下学生文化意识的培养"专题讲座，她为我们"如何在英语教学中培养学生的文化意识"指点迷津，具有深远的借鉴意义。

　　通过这次跟岗研修活动，我们在思维碰撞中和自我感悟中提升了自己。在今后的教学中，我们定将静下心来采他山之玉，纳百家之长，吸收活水，学习新知，让自己在教学之路上走得更远！